EAT THAT FROG!

EAT THAT FROG!

Copyright ⓒ 2007 by Brian Tracy
All rights reserved

Korean translation copyright ⓒ 2013 by Moonhak Soochup Publishing Co., Ltd.
Korean translation rights arranged with Berrett-Koehler Publishers
through EYA(Eric Yang Agency)

이 책의 한국어판 저작권은 EYA(Eric Yang Agency)를 통한 Berrett-Koehler Publishers사와의 독점계약으로 한국어 판권은 (주)문학수첩이 소유합니다. 저작권법에 의하여 한국 내에서 보호를 받는 저작물이므로 무단 전재와 복제를 금합니다.

개구리를 먹어라!

브라이언 트레이시 지음 | 이옥용 옮김

북앳북스

훌륭한 정신을 갖추고 있는 놀라운 소녀이며

도저히 상상할 수 없을 정도로 멋진 미래를 펼쳐 나가게 될

나의 특별한 딸 캐서린에게

Contents

글을 시작하며   9
서론 | 개구리 먹기   17

1장   목록을 작성하라   27
2장   날마다 미리 계획을 세워라   37
3장   모든 일에 80/20법칙을 적용하라   47
4장   결과를 고려하라   55
5장   '창조적인' 뒤로 미루기를 연습하라   69
6장   지속적으로 ABCDE 방법을 사용하라   77
7장   중요한 성과 분야에 초점을 맞추어라   85
8장   '3'의 법칙을 적용하라   97
9장   시작하기 전에 철저하게 준비하라   113
10장   한 번에 통 하나씩   121
11장   당신이 갖고 있는 핵심 기술을 향상시켜라   127

12장	당신의 특별한 재주를 지렛대로 사용하라	135
13장	당신을 구속하는 요인들을 파악하라	141
14장	자신에게 압력을 가하라	151
15장	당신의 개인적 능력을 최대한 활용하라	159
16장	행동하도록 자신에게 자극을 주어라	167
17장	시간을 잡아먹는 현대 기술의 늪에서 헤어나라	175
18장	업무를 자르고 나누어라	189
19장	커다란 덩어리 시간을 창조하라	195
20장	항상 긴박감을 가져라	203
21장	한 번에 처리하라	211

결론	지금 당장 행동하라!	219
작가에 대하여		225
옮긴이의 말		228

글을 시작하며

성공의 핵심은 행동이다

특별히 이 책을 선택한 당신에게 감사를 드린다. 나는 이 책에서 다루었던 내용들이 나 자신과 수천 명의 다른 사람들에게 도움을 주었던 것처럼, 당신에게도 커다란 도움이 되기를 바란다. 한 걸음 더 나아가서 이 책이 당신의 인생을 영원히 바꾸어 놓기를 바란다.

우리는 처리해야만 하는 모든 일들을 해결할 시간이 결코 넉넉하지 않다. 당신은 온갖 업무와 개인적인 의무, 다양한 계획, 읽어야 할 잡지 그리고 반드시 날을 잡아서 읽겠다고 오래전부터 벼르고 있었던 책들에 치여서 글자 그대로 죽을 지경이다. 그러나 당신은 죽었다 깨어나도 그 계획들을 실행에 옮길 수 있는 날을 잡지 못할 것이다. 그리고 결코 그 일들을 처리하지 못할 것이다. 당신은 그 모든 책과 잡지들을 마음 놓고 읽을 수 있는 한가로운 시간을 갖지 못할 것이다. 그것은 모두 한낱 꿈일 뿐이다. 그런 날은 영원히 오지 않는다.

  좀 더 생산적이고 분주하게 일을 함으로써 당신의 시간 운영상의 문제들을 해결하겠다는 생각은 잊어버려라. 얼마나 많은 생산 기술을 갖고 있는가는 중요하지 않다. 당신이 어떤 일에 집중할 수만 있다면, 언제나 정해진 시간 안에 처리할 수 있는 것보다 더 많은 일을 할 수가 있다.

  오직 당신이 생각하는 방식과 일하는 방식, 날마다 끊임없이 밀려오는 책임이라는 물결에 대처하는 방식을 바꿀 때에만, 당신의 시간과 인생을 통제할 수가 있다.

  지금 당장 하고 있는 몇 가지 일들을 그만두도록 해라. 그리고 당신의 인생을 정말로 다르게 만들어 줄 수 있는 한두 가지 일에 더욱 많은 시간을 쓰기 시작하라. 그렇게 해야만 당신이 맡은 업무들과 활동들을 통제할 수가 있다.

  나는 30년 이상을 효과적인 시간 운영 방법에 대해서 연구하고 있다. 또한 줄곧 피터 드러커나 앨릭 매켄지, 앨런 라킨, 스티븐 코비, 그 밖에 수많은 다른 사람들의 책을 열심히 탐독했다. 나는 개인의 능률과 효율성에 대한 수백 권의 책을 읽고 수천 편의 기사를 조사했다. 이 책은 그 결과물이다.

  좋은 생각이 떠오를 때마다, 조금도 주저하지 않고 나 자신의 작업과 개인 생활에 당장 적용했다. 그리고 그것이 효과가 있으면, 강연과 세미나를 통해 다른 사람들에게도 알려 주었다.

갈릴레오 갈릴레이는 이런 글을 남겼다.

"당신은 다른 사람이 전혀 몰랐던 사실은 가르칠 수 없다. 다만 그 사람이 이미 알고 있었던 것을 그 사람의 의식으로 일깨워줄 뿐이다."

당신의 의식 수준과 경험에 따라서, 여기에 소개된 많은 생각들이 친숙하게 느껴질 것이다.

이 책은 그 생각들을 한층 더 높은 의식의 수준으로 이끌어 줄 것이다. 이 방법과 기술들을 완전히 익히고, 일종의 습관이 될 때까지 거듭 적용한다면, 당신의 인생 경로는 매우 긍정적인 방식으로 바뀌게 될 것이다.

목표를 종이에 옮겼을 때 얻어지는 힘

내 개인적인 삶과 이 책을 쓰게 된 동기에 대해서 잠시 이야기를 하고 싶다.

나는 왕성한 호기심을 갖고 태어났다는 사실을 제외하면, 상당히 불리한 조건으로 인생을 출발했다. 집안이 몹시 가난해서 어렵게 학교를 다니다가 중도에 그만두고 말았다. 몇 년 동안이나 육체 노동자로 힘든 일에 종사한 적도 있었다. 나의 미래는 불투명했으며, 희망이라고는 전혀 보이지 않았다.

젊은 시절에 나는 화물 운송과 관련된 일을 하면서 온 세상을 돌아다녔다. 그리고 8년 동안 세계 여러 나라를 여행했다. 여행을 하다가 돈이 떨어지면 일을 하고, 돈을 모으면 다시 여행을 시작했다. 결국 이런 식으로 5대륙의 80개국 이상을 방문했다.

더 이상 일일 노동직조차 구하기 힘들어졌을 때, 나는 방문 판매원이 되어서 집집마다 문을 두드리며 위탁받은 물건을 팔았다. 나는 스스로를 돌아보고 "왜 다른 사람들이 나보다 더 잘할 수 있는 걸까?" 라는 의문을 갖기 시작할 때까지, 하는 일에서 고전을 면치 못했다.

그러다가 나는 내 인생을 획기적으로 바꾸어놓았던 중요한 일을 했다. 그것은 바로 성공한 판매원들을 일일이 찾아가서 그들이 무엇을, 어떻게 하고 있는지 물어본 것이다.

그들은 기꺼이 나에게 대답을 들려주었다. 나는 그들의 충고를 충실하게 따랐다. 결국 나의 판매 실적은 하루가 다르게 올라갔다. 결국 나는 영업에서 커다란 성공을 거두었고, 마침내 판매 부장으로 승진했다. 판매 부장이 된 후에도, 나는 여전히 똑같은 전략을 사용했다. 성공한 판매 부장들을 찾아가서 그들이 어떻게 하고 있는지 알아냈으며, 그런 다음에는 그것을 고스란히 나에게 적용했다.

그 배움과 응용의 과정이 내 인생을 완전히 뒤바꾸어놓았다. 나는 그 방법이 너무나 단순하고 명확하다는 사실에 언제나 놀라움을 금치 못한다. 성공한 사람들이 무엇을 어떻게 하는지 살펴보고, 그와 똑같은 결과를 얻을 때까지 똑같은 일들을 따라하기만 하면 되는 것이다.

세상에! 기가 막히지 않은가!

성공은 얼마든지 예측할 수 있다

간단히 말하자면, 어떤 사람이 다른 사람들보다 더욱 일을 잘하고 성공하는 이유는, 그들이 특정한 일을 남다르게 처리하고, 일을 적절한 방식으로 하기 때문이다. 특히 성공한 사람들은 다른 사람들보다 시간을 훨씬, 훨씬 더 잘 사용한다.

어렵고 힘든 환경에서 성장한 탓에, 나는 스스로에 대한 열등감이 컸고 사회에 잘 적응하지 못했다. 그러므로 정신적 함정에 빠져서, 나보다 일을 더 잘하는 사람들은 선천적으로 모든 측면에서 나보다 능력이 뛰어난 사람들이라고 굳게 믿었다. 하지만 나는 오랜 경험을 통해 꼭 그렇지만은 않다는 사실을 배웠다. 이 사회에서 성공하는 사람들은 단지 다른 사람들과 다르게 일을 하고, 적절히 행동하는 방법을 터득한 사람들일 뿐이었다. 그것은 나도 충분히 배울 수가 있었다.

이러한 비결을 알게 되자, 나는 도무지 놀라움과 흥분을 감출 수가 없었다. 단지 그 분야에서 성공한 사람들이 무엇을 어떻게 하고 있는지 알아낸 다음, 그들이 이미 거둔 것과 똑같은 결과를 거둘 때까지 그 방법을 나 자신에게 적용하면, 얼마든지

나의 인생을 바꿀 수 있고 내가 세운 목표들을 거의 성취할 수 있다는 사실을 깨달았던 것이다.

방문 판매를 시작한 지 채 1년도 지나지 않았을 때, 나는 판매왕이 되었다. 판매 부장이 된 지 1년 만에, 나는 6개국에 있는 95개의 법인을 책임지는 부사장이 되었다. 그때 내 나이는 불과 스물다섯 살이었다.

그 이후로 22개의 다른 직장에서 일을 했고, 여러 사업을 시작해 몇 개의 회사를 설립했다. 그리고 일류 대학에서 경영학 학위를 받았다. 나는 또한 프랑스어와 독일어, 스페인어를 배웠고 1,000개 이상의 회사에서 강연자, 지도자와 자문 역할을 했다.

현재 나는 해마다 25만 명 이상의 사람들에게 강연과 세미나를 하고 있다. 한 번 강연이 열릴 때마다 2만 명 정도의 사람들이 내 강연을 진지하게 듣는다.

단순한 진실

이런 경험을 통해서, 나는 지극히 단순한 진실 하나를 발견했다. 가장 중요한 한 가지 임무에 몸과 마음을 집중하는 능력, 적절한 행동과 완벽한 마무리, 그것이 바로 인생을 성공과 존경, 지위 그리고 행복으로 이끄는 열쇠라는 것이다. 그 열쇠를 이

해하는 것이 바로 이 책의 핵심이고 중심 내용이다.

이 책은 직장에서 다른 사람보다 더욱 빨리 앞서 나가는 방법을 제시한다. 이 책 속에는 내가 발견한 개인의 효율성에 관한 가장 중요한 21개의 원칙들이 담겨 있다. 여기에 소개되어 있는 방법과 기술 그리고 전략들은 대단히 실용적일 뿐만 아니라 경험을 통해 확실히 증명된 인생의 지름길이다.

나는 당신의 시간을 조금이라도 낭비하지 않기 위해서 다양한 심리적인 또는 감정적인 설명을 생략했다. 또한 추상적인 이론이나 조사 내용을 길게 늘어놓지 않았다.

그러므로 이 책에서 당신이 배우게 될 것은, 오직 당신의 일에서 더욱 빨리, 더욱 좋은 결과를 얻기 위해 지금 당장 이용할 수 있는 구체적인 행동들뿐이다.

이 책에 실려 있는 모든 방법들은 당신의 생산력과 실행력의 전체 수준을 향상시켜서, 무슨 일을 하든지 더욱 높은 가치를 만들 수 있도록 하는 일에 집중되어 있다. 그뿐만 아니라 당신의 개인 생활에서도 이 개념들을 대부분 응용할 수 있다.

21개의 이론과 기술들은 제각기 그 자체로서 완벽하다. 그리고 모두가 우리에게 반드시 필요한 것들이다. 어떤 전략은 특정 상황에서 효과적일 수 있고, 또 다른 전략은 다른 일에 응용이 가능하다. 요컨대 21개의 전략들은 당신이 어느 때, 어느 상황, 어느 임무에서도 이용할 수 있는 대표적인 방법들인 것이다.

성공의 핵심은 행동이다. 이 책에서 제시하는 원리들은 그 실행과 결과에 있어서 빠르고 눈에 띄는 향상을 가져다줄 것이다. 그 원리들을 좀 더 빨리 배우고 응용할수록 당연히 당신은 성공의 길로 앞서 나가게 될 것이다.

'개구리를 먹는' 방법을 배운다면, 당신이 이룰 수 있는 성공의 가능성은 무한하다!

캘리포니아 솔라나 해안에서
브라이언 트레이시

서론

개구리 먹기

오늘날은 열심히 한번 살아볼 만한 참으로 멋진 시절이다. 당신이 목표를 성취하는 과정에 있어서, 오늘날보다 더욱 많은 가능성과 기회가 존재했던 적은 한 번도 없었다.

인간 역사상 지금껏 유래가 없었을 정도로, 수많은 선택과 기회의 홍수 속에서 당신은 말 그대로 허우적거리고 있다. 사실 당신이 선택할 수 있는 훌륭한 일들이 너무나 많기 때문에, 그 중에서 하나를 선택할 수 있는 능력이야말로 당신의 인생을 결정적으로 바꾸어놓을 수 있는 가장 중요한 요인이 된다.

만약 당신이 오늘날을 살아가는 대부분의 사람들과 비슷하다면, 당신 또한 과중한 업무와 부족한 시간에 짓눌리고 있을 것이다. 당신이 일의 진행 속도를 맞추려고 몸부림을 치는 동안에도, 새로운 임무와 책임들이 계속해서 조류처럼 흘러 들어

온다.

그러므로 당신은 결코 당신이 처리해야 하는 모든 일들을 다 할 수가 없다. 당신은 결코 일의 속도를 맞출 수가 없다. 언제나 당신이 맡은 임무와 책임들은 많은 부분에서 상당히 뒤처져 있을 것이다.

업무를 취사선택할 필요가 있다

이런 이유로 각각의 순간에 가장 중요한 업무를 선택하고, 그 업무에 착수해서 신속하고 훌륭하게 끝내는 능력이 더욱 절실하게 요구된다. 그러한 능력은 당신이 계발할 수 있는 그 어떤 자질이나 기술보다도, 당신의 성공에 더욱 많은 영향을 끼칠 것이다.

언제나 일의 우선권을 분명하게 파악하고 중요한 임무를 재빨리 완수하는 습관을 터득한 사람은, 계획은 아주 놀랍지만 말이 많고 행동은 거의 하지 않는 천재보다 훨씬 더 유능하다.

개구리에 대한 진실

마크 트웨인은 이렇게 말했다.

"매일 아침 당신이 가장 먼저 하는 일이 살아 있는 개구리를 먹는 것이라면, 당신은 하루 종일 그것보다 나쁜 일은 더 이상 일어나지 않을 것이라고 스스로를 위로하면서 하루를 보낼 수 있을 것이다."

당신의 '개구리'는 지금 당장 처리하지 않으면 십중팔구 뒤로 미룰 것이 확실한 일, 그러나 당신에게 있어서 가장 중요하고 가장 커다란 비중을 차지하는 일을 말한다.

그것은 또한 당신의 인생과 그 순간의 결과에 가장 긍정적인 영향을 미칠 수 있는 일이기도 하다.

개구리를 먹는 첫 번째 황금 법칙

**두 마리 개구리를 먹어야 한다면
더 보기 싫은 개구리부터 먼저 먹어라.**

이 말은 당신 앞에 놓여 있는 중요한 두 가지의 일이 있다면, 그중에서 더욱 크고 어렵고 중요한 일부터 먼저 시작하라는 뜻이다.

일단 무슨 일을 할 것인지 결정하면 즉시 시작하고, 다른 일에 들어가기 전에 그 일이 완수될 때까지 끝까지 노력하는 훈련을 하라.

그 일을 하나의 '시험'으로 생각하라. 우리는 그 일을 개인적인 도전으로 받아들여야 한다. 좀 더 쉬운 임무를 먼저 시작하고 싶은 유혹과 과감하게 맞서 싸워라.

당신이 날마다 내려야만 하는 가장 중요한 결정들 중의 하나는, 비록 모두 처리해야 할 일이라고 하더라도, 지금 당장 해야 할 일과 나중에 해야 할 일을 선택하는 것이라는 사실을 잊지 마라.

> **개구리를 먹는 두 번째 황금 법칙**
>
> 살아 있는 개구리를 먹을 수밖에 없다면
> 공연히 앉아서 멍하니 쳐다만 보고 있지 마라.

실행력과 생산력을 높이기 위해서는, 매일 아침마다 당신이 가장 중요하다고 생각하는 일에 제일 먼저 달려드는 습관을 익히는 것이 중요하다. 당신은 무엇보다도 먼저 '개구리 먹기' 습관과 너무 오랫동안 생각하지 않는 습관을 들여야만 한다.

즉시 행동에 착수하라

다른 사람들보다 많은 보수를 받고 빠른 시간 내에 승진을 하는 사람들의 특징을 조사한 결과, 그들의 모든 행동에서 언제나 가장 두드러지게 나타나는 자질이 바로 '행동 지향성'으로 드러났다.

언제나 능률적으로 일하면서 성공을 거둔 사람들은 일단 결정이 내려지면 1분도 주저하지 않고 중요한 업무에 착수한다. 그리고 그 일이 완성될 때까지 꾸준히 성실하게 노력한다. 그들은 그렇게 하도록 자기 자신을 훈련시켰던 것이다.

우리가 살고 있는 이 세상, 특히 경제적인 분야에서는 객관적으로 측정할 수 있는 어떤 특정한 결과의 대가로서 봉급을 받기도 하고 조직에서 승진을 하기도 한다. 당신은 회사에 가치 있는 기여를 함으로써, 특히 당신에게 기대되었던 기여를 함으로써 봉급을 받는 것이다.

'실행력 부족' 이야말로 오늘날 모든 조직에 있어서 가장 커다란 문제 중의 하나라고 할 수 있다. 지금 이 순간에도 수많은 사람들이 구체적인 행동에 착수하는 실천력을 보이지 못하고 있다. 그들은 항상 불평을 늘어놓고 끝도 없이 회의를 하고 온갖 놀라운 계획들을 짜지만, 결국 아무도 그 일을 처리하지 않으며 필요한 결과를 얻지 못한다.

성공의 습관을 계발하라

인생과 직업 어느 쪽에서나, 당신이 거두는 성공은 순전히 당신이 시간을 어떻게 보내는가 하는 습관에 의해서 결정될 것이다. 일의 우선권 정하기, 뒤로 미루는 버릇 고치기 그리고 가장 중요한 일에 몰두하기 등의 습관은 정신적이며 동시에 육체적인 기술이다.

습관이란, 당신의 잠재의식 속에 분명히 새겨져서 지속적인 행동의 일부분이 될 때까지 몇 번이고 계속적인 연습과 반복을 통해서 익힐 수가 있는 것이다. 일단 습관화가 되면, 그렇게 행동하는 것이 지극히 자연스럽고 쉬워진다.

이처럼 중요한 일을 먼저 시작하고 완료하는 습관은 즉시 지속적인 보람과 성과를 나타낼 것이다. 당신이 어떤 일을 성취하면, 긍정적이고 만족스러운 느낌을 가지도록 정신적으로나 감정적으로 설계가 되어 있다. 어떤 일을 성공적으로 끝내고 난 후에 얻게 되는 성취감은 당신을 아주 행복하게 만든다. 또한 성취감을 통하여 승리감을 느낄 수 있다.

일의 규모나 중요성과는 상관없이, 당신은 한 가지 임무를 완성할 때마다 일렁이는 에너지의 파동과 열정, 그리고 자부심을 느끼게 마련이다. 하지만 더욱 중요한 임무를 완수하면 완수할수록, 자기 자신과 자신이 속한 세계에 대하여 더욱 커다란 기쁨과 더욱 커다란 확신, 더욱 커다란 힘을 느끼는 것이 사실이다.

중요한 임무를 완성하면, 당신의 뇌에서 엔도르핀의 분비가 촉발된다. 엔도르핀은 당신에게 '멋진 기분'을 느끼도록 해준다. 어떤 일을 성공적으로 완수했을 때, 자연스럽게 분출되는 엔도르핀은 당신을 더욱 창조적이고 자신감이 있는 사람으로 만들어주는 것이다.

긍정적인 중독성을 계발하라

이른바 가장 중요한 성공의 비밀들 중 하나가 바로 거기에 있다. 당신은 실제로 엔도르핀과, 엔도르핀이 더욱 고양시킨 명석함, 자신감 그리고 경쟁력 등과 같은 기분에 '긍정적 중독'이 되도록 스스로를 계발할 수가 있다.

이런 '중독성'을 계발한다면, 당신은 거의 의식하지도 못하는 사이에, 더욱 중요한 업무와 계획을 먼저 시작하고 완성하는 방식으로 당신의 인생을 재조직하기 시작할 것이다. 당신은 실제로 아주 긍정적인 의미에서 성공과 성취에 중독이 된다.

멋진 인생을 살아가고, 성공적인 경력을 쌓고, 자기 자신에 대해 높은 긍지를 느끼기 위한 열쇠 중의 하나는 제일 먼저 가장 중요한 일부터 시작하고 완수하는 습관을 기르는 것이다. 그렇게 할 때, 이 습관은 스스로 강력한 힘을 발휘할 것이며, 당신은 임무를 완성하지 않는 것보다 완성하는 편이 훨씬 더 수월하다는 사실을 발견하게 될 것이다.

지름길은 없다

한 남자가 뉴욕 거리에서 어느 유명한 음악가를 멈추어 세우고, 카네기 홀에 설 수 있는 방법을 물어보았다. 그 음악가는 이렇게 대답했다.

"연습하십시오. 오직 날마다 연습하십시오."

어떤 기술이든지 간에 온전히 자신의 것으로 만들기 위해서는 반복적인 연습이 중요하다. 다행스럽게도 우리의 정신은 근육과 같다. 우리의 정신은 쓰면 쓸수록 더욱 강해지고 더욱 유능해진다.

날마다 연습을 하는 과정을 통해 당신은 자신이 바라는, 혹은 필요로 하는 어떤 행동을 배우고 또한 어떤 습관을 들일 수가 있는 것이다.

새로운 습관 형성을 위한 3D

한 가지에 초점을 맞추고 집중할 수 있는 습관을 들이기 위해서는 중요한 자질 세 가지가 필요하다. 그것은 바로 결심과 훈련, 그리고 결정이다. 이런 자질들은 모두 후천적으로 얼마든지 배울 수가 있다.

첫 번째로 반드시 자신에게 주어진 임무를 완성하는 습관을 갖겠다는 결심을 하라.

두 번째로 그 습관이 몸에 완전히 밸 때까지 당신이 배워야 할 원칙들을 거듭 연습함으로써 자기 자신을 훈련하라.

그리고 마지막으로 그 습관이 굳어지고 변하지 않는 영원한 속성이 될 때까지 결단과 의지를 가지고 당신이 하는 모든 일을 밀고 나가라.

장차 당신이 되고자 하는 자신의 모습을 상상해보라

대단히 생산적이고 효과적이며 능률적인 사람이 되기를 원하는 당신을 위해서, 그 과정을 단축시킬 수 있는 특별한 방법이 있다. 그것은 당신이 행동 지향적이고 실천력이 있고 집중적인 사람이 되었을 때, 자연스럽게 따라올 보상과 이익을 지속적으로 생각하는 것이다.

성공한 자신의 모습을 상상하라. 자신이 중요한 일들을 꾸준하고 신속하게, 그리고 훌륭하게 완성하는 사람이라고 생각하라.

당신 자신에 대해 긍정적인 그림을 그려보는 것은 당신의 행동에 강력한 영향을 끼친다. 장차 자신이 되고자 하는 모습을 상상해보라. 당신이 내면에서 바라보는 자기 이미지가 대체적으로 외면적인 행동을 결정한다.

실제로 당신의 영혼 속에는 새로운 기술과 습관, 그리고 능력을 배우고 계발할 수 있는 무한한 가능성이 잠재되어 있다.

반복과 연습을 통해서 뒤로 미루는 버릇을 극복하고 더욱 중요한 임무들을 신속하게 완성하도록 자신을 훈련시킬 때, 당신은 인생의 지름길을 질주하게 될 것이다.

개구리를 먹어라!

CHAPTER
01

—

목록을 작성하라

**EAT
THAT
FROG!**

승리하기 위해 반드시 갖추어야 할
자질이 한 가지 있다.
그것은 바로 명확한 목적의식이다.
자기 자신이 원하는 것에 대한 뚜렷한 인식
그리고 그것을 성취하고자 하는
불타는 욕망인 것이다.

| 나폴레옹 힐 |

먼저 당신의 '개구리'를 결정하고 그것을 잡아먹기 전에, 당신은 반드시 인생의 각 단계에서 성취하고 싶은 일이 무엇인지 정확하게 결정해야만 한다. 명확성은 개인의 생산성을 향상시키는 과정에 있어서 절대적으로 중요한 개념이라고 할 수 있다.

 어떤 사람들이 다른 사람들보다 더 많은 일을 더욱 빨리 처리하는 가장 큰 이유는, 그들이 분명한 목표와 목적을 갖고 있으며, 좀처럼 그 목표가 흔들리지 않기 때문이다.

 자신이 바라는 것과 그것을 성취하기 위해 나가야 할 길을 더욱 명확하게 규명하면 할수록 뒤로 미루는 버릇을 극복하고, 개구리를 먹고, 당신 앞에 놓인 업무를 완수하는 일은 더욱 쉬워질 것이다.

 자꾸만 일을 뒤로 미루고 좀처럼 의욕을 내지 못하는 가장 큰 원인은, 당신이 하려고 하는 일들과 순서 그리고 그 이유가 모호하고 혼란스럽고 불명확하기 때문이다.

당신은 당신의 목표와 임무에 대해서 더욱 명확한 태도를 가지려고 노력해야만 한다. 이러한 과정을 통해 당신은 좌절과 실패를 피할 수 있다.

> **황·금·법·칙**
>
> **당신의 생각을 종이에 적어라.**

겨우 성인의 3퍼센트만이 분명하게 글로 쓴 목표를 갖고 있다. 그런 사람들은, 똑같은 자질을 지니고 있거나 혹은 더 나은 능력을 가지고 더욱 많은 교육을 받았지만 이런저런 이유로 자신의 목표를 정확하게 글로 써 볼 시간을 내지 못하는 사람들보다, 다섯 배에서 열 배 정도 더 많은 것들을 성취한다.

구체적인 목표를 세우고 그것을 달성할 수 있는 확실한 공식이 있다. 당신은 남은 인생 동안 얼마든지 그 공식을 사용할 수 있을 것이다. 그 공식은 일곱 개의 간단한 단계로 구성되어 있다.

만약 당신이 지금 그 공식을 사용하고 있지 않다면, 이 단계들 중의 어느 하나만 익힌다고 하더라도 당신의 생산성은 두 배 내지 세 배가 될 수 있다. 나의 자기 계발 프로그램을 수료한 많은 사람들이 불과 몇 년 안에, 혹은 겨우 몇 달 안에 이 간단한 일곱 단계의 공식을 이용해서 모두들 깜짝 놀랄 만큼 엄청난 성과를 거두었다.

첫 번째 단계 : 자신이 원하는 것을 정확하게 결정하라

당신 혼자 힘으로 결정해도 좋다. 하지만 먼저 당신의 상사와 함께 머리를 맞대고 앉아서 당신이 기대하는 것이 무엇인지, 그리고 가장 우선적으로 처리해야 할 업무가 무엇인지, 모든 것들이 유리알처럼 투명해질 때까지 진지하게 논의하라. 그리고 뚜렷한 목표와 목적을 세워라.

단지 상사와 함께 자세히 논의하는 시간을 갖지 않았기 때문에 얼마나 많은 사람들이 날마다 전혀 쓸모없는 작업에 매달리고 있는지를 생각하면 놀라지 않을 수 없다.

> **황·금·법·칙**
>
> 시간을 가장 최악으로 이용하는 방법 중의 하나는
> 전혀 할 필요가 없는 일을 매우 잘 해내는 것이다.

스티븐 코비는 이런 말을 했다.

"성공의 사다리를 오르기 전에, 사다리가 정확한 건물에 놓여 있는지를 먼저 확인하라."

두 번째 단계 : 반드시 종이에 적어라

당신의 생각을 종이에 적어라. 당신이 원하는 목표를 글로 적어라. 반드시 구체적이고 확실하게 적어라. 당신이 만질 수 있고 볼 수 있는 목표를 결정하라. 기록하지 않은 목표나 목적은 단지 공허한 소원이며 헛된 환상에 불과하다. 그러므로 그것을 추진할 수 있는 에너지가 생겨나지 않는다. 종이에 적지 않은 목표들은 혼돈과 모호함, 착각 그리고 무수한 실수만을 부를 뿐이다.

세 번째 단계 : 목표의 최종 기한을 결정하라

최종 기한이 정해지지 않은 목표나 결심에는 긴박감이 있을 수 없다. 따라서 시작과 마무리가 없다.

목표를 완수하기 위해서 특정한 책임이 뒤따르는 최종 기한을 정해놓지 않는다면, 당신은 아주 당연하게 그 일을 자꾸만 뒤로 미루거나 아주 천천히 진행하게 될 것이다.

네 번째 단계 : 자신의 목표를 성취하기 위해 꼭 처리해야 할 일들을 모두 적어라. 그리고 중요한 순서대로 목록을 만들어라

새롭게 처리해야 할 일이 생각날 때마다, 목록에 덧붙여라. 미리 세워놓았던 목표가 성취될 때까지 계속해서 목록을 보강하라. 처리해야 할 일의 목록은 더욱 커다란 임무나 혹은 목적에 대한 선명한 밑그림을 제공하게 된다. 또한 당신이 앞으로 달려 나갈 길을 보여준다.

당신이 처리해야 할 일의 목록을 꼼꼼하게 작성하고 계획한 대로 행동하는 동안, 그 목표를 성취할 가능성은 극적으로 높아진다.

다섯 번째 단계 : 처리해야 할 일의 목록을 바탕으로 계획표를 짜라

일의 우선순위와 처리 순서에 따라 처리해야 할 일의 목록을 만들어라. 잠깐이라도 시간을 내서 제일 먼저 처리해야 할 일과 조금 미루어도 괜찮은 일을 결정하라. 또한 다른 일들보다 앞서서 반드시 끝내야 할 일과 그 후에 끝내야 할 일을 결정하라.

종이 위에 네모 칸이나 동그라미를 그리고, 당신이 세운 계획이 한눈에 들어올 수 있도록 순서대로 배열하라. 아무리 커다린 목표라고 하더라도 일단 개별적인 작은 일들로 나누어놓고 나면, 당신의 목표를 성취하는 것이 얼마나 쉬워지는지를 깨닫고 깜짝 놀랄 것이다.

목표를 글로 쓰고 구체적이며 치밀한 행동 계획을 세운다면, 당신은 목표를 마음속에만 담고 있는 사람에 비해서 훨씬 더 생산적이고 능률적인 사람이 될 수 있다.

여섯 번째 단계 : 즉시 계획대로 행동하라

무엇이든지 즉시 행동으로 옮겨라. 어떤 일이든지 괜찮다. 평범한 계획을 세우고 강력하게 실행하는 사람이, 뛰어난 계획을 세워놓고 아무런 실천도 하지 않는 사람보다 백배는 더 낫다. 성공을 성취하기 위해서는 실행이 가장 중요하다.

일곱 번째 단계 : 원대한 목표를 향해 나아가는 동안, 하루도 빠짐없이 무엇인가를 하겠다고 결심하라

당신의 일과표에 특별 활동 시간을 포함시켜라. 핵심적인 한 가지 주제에 대해서 날마다 읽을 페이지 수를 확실하게 정해놓고 책을 읽거나, 경기 전망이나 고객의 숫자를 확실하게 파악하라. 특정 기간을 정해놓고 한 가지 운동에 몰두하라. 외국어를 공부하고 매일 새로운 단어를 정해진 숫자만큼 암기하라. 결코 단 하루도 헛되이 쓰지 마라.

꾸준히 앞으로 밀고 나아가라. 일단 행동에 착수하기 시작했으면 계속 행동하라. 결코 멈추지 마라. 이러한 결심과 훈련만이, 당신 세대의 사람들 중에서 당신을 가장 생산적이고 성공한 사람으로 만든다.

목표를 종이에 옮겼을 때 얻어지는 힘

목표를 명확하게 쓰는 것은 당신의 사고에 놀라운 변화를 가져온다. 종이에 적어놓은 목표들은 당신의 정신을 자극하고 행동을 유발한다. 그것들은 당신의 창조성을 북돋워 주고 에너지를 발산시키며, 한 걸음 더 나아가 뒤로 미루는 버릇을 극복할 수 있도록 도와준다.

뚜렷한 목표는 성취라는 용광로를 타오르게 하는 연료라고 할 수 있다. 당신의 목표가 더욱 원대하고 더욱 명확해질수록, 당신은 그 목표들을 성취하는 것에서 더욱 커다란 기쁨을 느낄 것이다. 목표에 대해서 많이 생각하면 생각할수록, 목표를 성취하려는 내면의 충동과 욕구는 더욱 커질 것이다.

날마다 당신이 세운 목표를 생각하고 다시 한 번 검토하라. 매일 아침, 바로 그 순간에 당신의 가장 중요한 목표를 성취하기 위해서 당신이 완수할 수 있는 가장 중요한 임무를 행동으로 옮겨라.

개 구 리 를   먹 어 라 !

● 지금 당장 깨끗한 종이 한 장을 오른쪽에 놓고 당신이 내년에 성취하고 싶은 열 가지 목표 목록을 만들어라. 마치 이미 1년이 지나서 그 목표들이 지금 현실이 된 것처럼 생각하고 써라. 또한 그 목표들이 당신의 잠재의식 속에 즉시 수용되도록, 1인칭 현재 긍정문으로 써라.

예를 들자면 다음과 같다. "나는 1년에 ○○달러를 번다." 또는 "나는 지금 몸무게가 ○○킬로그램이다." 또는 "나는 ○○자동차를 몰고 있다."

● 당신이 적어놓은 열 개의 목표 중에서, 만약 그 목표를 달성하기만 한다면, 당신의 인생에 가장 커다랗고 긍정적인 영향을 미칠 수 있는 목표 한 가지를 선택하라.

그 목표가 어떤 것이든 간에, 따로 다른 종이에 쓰고 최종 기한을 정하라. 그 목표에 도달하기 위한 구체적인 계획을 세우고 계획대로 행동하라. 목표를 향해서 나아가는 동안, 하루도 빠짐없이 도움이 될 만한 한 가지 행동을 실천하라. 이러한 연습만이 당신의 인생을 바꿀 수 있다!

CHAPTER 02

날마다 **미리 계획을** 세워라

EAT
THAT
FROG!

계획은 미래를 현재 속으로 불러들인다.
당신이 지금 미래에 대해서 무엇인가를
할 수 있도록 만들어주는 것이다.

| 앨런 라킨 |

이미 당신도 이러한 질문을 들어본 적이 있을 것이다.
"커다란 코끼리를 먹는 방법은?"
그 대답은 물론 다음과 같다.
"한 번에 한 입씩!"
당신은 당신 몫으로 주어진 가장 크고 못생긴 개구리를 어떻게 먹겠는가? 그것은 코끼리의 경우와 똑같다. 먼저 각 단계별로 처리해야 할 일들을 구체적으로 분석하고, 제일 첫 번째 활동부터 시작하는 것이다.

당신의 정신, 즉 생각하고 계획하고 결심을 하는 능력은 자꾸만 뒤로 미루는 버릇을 극복하고 생산력을 향상시킬 수 있는 가장 강력한 도구이다. 목표를 세우고 계획을 짜고 그것을 실천에 옮길 수 있는 능력이 당신의 인생 행로를 결정짓는 것이다. 계획을 짜는 행위 그 자체가 당신의 영혼 속에 잠재되어 있는 정신력을 열어주고 창조력을 자극하고 정신과 육체의 에너지를 증진시킨다.

앨릭 매켄지는 이렇게 말했다.

"계획이 없는 행동은 모든 실패의 원인이다."

행동에 앞서, 훌륭한 계획을 세우는 능력이 당신의 전체적인 경쟁력을 결정한다. 더욱 좋은 계획을 세울수록, 뒤로 미루는 버릇을 떨쳐버리고 행동에 들어가기가 쉬워진다. 당신의 개구리가 먹기 쉬워지는 것이다. 한 걸음 더 나아가 좋은 계획은 당신이 꾸준히 실천할 수 있도록 도와준다.

당신이 투자한 에너지에 대한 수익을 증진시켜라

직장에서 당신이 반드시 가져야만 할 최고 목표들 중의 하나는, 당신이 투자한 정신적, 감정적 그리고 육체적인 에너지를 가능한 한 최고로 보상받는 것이다.

당신에게 전하고 싶은 희소식은, 계획을 세우는 일에 소비한 1분은 실행할 때 필요한 10분의 시간을 절약해주는 효과를 낳는다는 것이다. 당신은 하루를 계획하는 일에 고작 10분에서 12분 정도를 쓸 뿐이지만, 이 짧은 시간의 투자가 하루 중에서 헛되이 낭비되는 시간과 효과적이지 못한 노력에 쓰이는 시간을 최소한 120분 이상 절약해주는 결과를 낳게 될 것이다.

당신은 아마도 여섯 개의 'P' 법칙에 대해서 들어본 적이 있을 것이다. 그것은 '적절한 사전 계획이 잘못된 실행을 방지한다 Proper Prior Planning Prevents Poor Performance'는 것이다.

적절한 계획이 당신의 생산성과 실행력을 얼마나 크게 증진시키는지를 생각할 때, 실제로 날마다 계획을 세우는 사람이 거의 없다는 사실은 참으로 놀라운 일이 아닐 수 없다. 게다가 적절한 계획을 세우는 것은 아주 간단하다. 깨끗한 종이 한 장과 연필만 있으면 된다.

가장 최근에 나온 노트북이나 컴퓨터 프로그램, 또는 전자수첩도 그 원리는 모두 똑같다. 일을 시작하기 전에 책상 앞에 앉아서 그날 처리해야 할 일들의 목록을 작성하면 된다.

매일 2시간을 덤으로 얻어라

언제나 작업은 목록을 작성하는 것에서부터 시작된다. 무엇인가 처리해야 할 일들이 새로 생겨나면, 그 일을 처리하기 전에 반드시 목록에 적어 넣어라. 일을 시작하는 첫날부터 목록 만들기를 빼놓지 않고 한다면, 당신의 생산성과 산출량을 25퍼센트 이상 증가시킬 수가 있다.

하루의 일이 끝날 무렵이 되면, 잠자리에 들기 전에 처리해야 할 일들의 목록을 새로 작성하라. 당신이 오늘 미처 완수하지 못한 모든 일들을 내일 처리해야 할 일들의 목록에 옮겨 적고, 그런 다음 내일 처리해야 할 일들을 빠짐없이 덧붙여라.

잠자리에 들기 전에 처리해야 할 일들의 목록을 만들면, 당신이 잠들어 있는 동안에도, 그 목록은 당신의 잠재의식 속에 계속 영향을 미칠 것이다. 그리고 다시 잠에서 깨어났을 때에는, 종종 처음에 생각했던 것보다 당신의 일을 훨씬 더 빨리 그리고 더욱 훌륭하게 끝낼 수 있는 탁월한 아이디어와 통찰력을 갖게 될 것이다.

반드시 처리해야 할 일들에 대한 목록을 작성하는 일에 걸리는 시간이 많아질수록 당신이 얻게 될 효과와 능률도 커지는 법이다.

각각의 목적에 따라 처리해야 할 일들의 목록을 달리 작성하라

목적이 다르면, 당연히 처리해야 할 일들의 목록도 달라져야 한다.

첫 번째로 장차 반드시 하고 싶은 일들을 생각나는 대로 모두 적어서 종합 일람표를 만들도록 하라. 그 일람표에는 언뜻 머릿속에 떠오른 생각부터 당장 당신의 발등에 떨어진 모든 새로운 임무들까지, 당신이 맡고 있는 책임들을 빠짐없이 기록하도록 하라. 그리고 나중에 구체적인 항목별로 다시 정리를 하라.

두 번째로 새로 시작될 한 달을 위해서 월말 무렵이 되면, 새로운 달의 월 일람표를 만들어야 한다. 거기에는 종합 일람표에서 옮겨 적은 항목들이 들어갈 것이다.

세 번째로 미리 일주일을 계획하는 주 일람표를 만들어야 한다. 그것은 실제로 일주일 동안 당신이 처리해야 할 일들을 적어놓은 목록이다.

이렇듯 체계적이고 자세한 시간 계획을 세우는 훈련은 당신에게 커다란 도움을 준다. 수많은 사람들이 나에게 다음 일주일을 계획하기 위해서 주말마다 2시간을 투자하는 습관이 그들의 생산성을 극적으로 증진시켰고 그들의 인생을 완전히 변화시켰다는 말을 했다. 당신도 얼마든지 그들과 똑같은 효과를 볼 수 있다.

마지막으로 당신이 세운 월 일람표와 주 일람표의 항목들을 일일 일람표에 옮겨 적는다. 일일 일람표는 당신이 다음 날 반드시 완수해야만 하는 구체적인 활동들을 적은 것을 말한다.

하루를 보내면서 처리해야 할 일들을 하나씩 완수할 때마다, 일람표에 적힌 항목들을 계속 점검하라. 그런 행동은 당신으로 하여금 목표 달성에 대한 생생한 밑그림을 그릴 수 있게 한다. 그것은 성취욕과 의욕을 능동적으로 불러일으킨다.

일람표대로 꾸준히 실천하고 행동하는 자신의 모습을 확인할 때마다, 당신은 커다란 자극과 활력을 얻을 수 있다. 또한 자부심과 자존심이 고취된다. 구체적으로 눈에 보이는 꾸준한 진행은 당신의 일에 추진력을 부여하며, 자꾸만 뒤로 미루는 버릇을 극복하도록 도와준다.

중요한 업무를 맡으면 계획을 세워라

어떤 계획이든 당신에게 새로운 계획이 생긴다면, 그 계획을 완벽하게 끝내기 위해서 처음부터 끝까지 당신이 완성해야 하는 매 단계별 일 목록을 만들어야 한다. 그 목록에 있는 임무들을 일의 우선순위와 진행 순서에 따라 배열하라.

한눈에 바라볼 수 있도록 그 목록들을 종이나 컴퓨터에 적어 놓아라. 그러한 방법으로 얼마나 많은 것들을 성취할 수 있는지 알게 되면, 당신은 깜짝 놀랄 것이다.

일람표를 지키면서 작업을 하는 동안, 당신은 더욱 커다란 능률과 효율성을 느낄 것이다. 당신이 당신 인생의 주인이라는 기분을 더욱 확실하게 느낄 것이다.

심지어 더욱 많은 일을 하고 싶은 의욕이 솟아날 수도 있다. 당신은 이전보다 훨씬 더 창조적으로 생각하게 되고, 심지어 더욱 빨리 작업할 수 있는 뛰어난 통찰력까지 갖추게 될 것이다.

꾸준히 일람표를 확인하면서 열심히 작업하는 동안, 당신은 뒤로 미루는 버릇을 극복할 수 있는 긍정적인 추진력을 계발하게 될 것이다. 이러한 추진력은 당신에게 더욱 많은 활력을 주고 하루를 충실하게 보내도록 만든다.

개인적인 효율성을 더욱 높이기 위해서 지금 당장 시작해야 할 가장 중요한 법칙들 중의 하나는 10/90법칙이다.

이 법칙은 당신이 일을 시작하기 전에 계획을 세우고 처리해야 할 일들의 목록을 만드는 과정에 소비하는 10퍼센트의 시간이, 일단 일을 시작하고 그 일을 끝내는 데 걸리는 시간의 90퍼센트를 절약하게 만들어준다는 뜻이다. 과연 그 말이 사실인지, 당신이 직접 시도해보면 저절로 알게 될 것이다.

날마다 앞으로의 일을 미리 계획함으로써, 당신은 어떤 목표에 착수하고 계속 실천하기가 매우 쉬워진다는 사실을 발견할 것이다. 모든 작업들이 예전보다 더욱 빠르고 수월하게 진행될 것이다.

당신은 훨씬 더 강화된 자신의 능력과 경쟁력을 느낄 수 있다. 그리고 마침내 당신은 탄탄대로를 따라서 질주하게 되는 것이다.

개 구 리 를   먹 어 라 !

● 미리 그날, 그 주일 그리고 그 달에 처리해야 할 일들을 계획하는 것으로써 오늘 하루를 시작하라. 메모지나 종이 위에 앞으로 24시간 동안 당신이 처리해야 할 모든 일들의 일람표를 만들어놓아라.
새로운 항목이 떠오를 때마다 일람표에 덧붙여라. 당신의 모든 계획들, 즉 당신의 미래에 중요한 모든 목표들에 대한 일람표를 만들어라.

● 당신의 목표와 계획 그리고 업무들을 그 중요성에 따라 배열하라. 우선순위와 제일 먼저 끝낼 것, 두 번째로 끝낼 것, 그리고 그 이후에 끝낼 것으로 분류한 후에, 순서에 따라 다시 배열하라. 앞으로 도달하게 될 결과를 미리 머릿속으로 떠올리고는, 즉시 실천하라. 목표를 달성하기 위해 끊임없이 전진하라.
계획을 구상하라! 일람표를 충실히 지켜라!
당신의 생산력은 도저히 믿을 수 없을 만큼이나 향상될 것이다. 그리고 사실 살아 있는 개구리 먹기가 얼마나 쉬운 것인지를 깨닫고 깜짝 놀라게 될 것이다.

EAT THAT FROG!

CHAPTER 03

모든 일에 80/20 법칙을 적용하라

**EAT
THAT
FROG!**

우리에게는 언제나 충분한 시간이 있다.
단지 우리가 시간을 올바르게 쓰려고만 한다면.

| 요한 볼프강 폰 괴테 |

80/20법칙은 시간과 인생의 운영에 있어서 가장 도움이 되는 법칙들 중의 하나라고 할 수 있다. 이 법칙은 1895년에 처음으로 그 용어를 사용한 이탈리아의 경제학자 빌프레도 파레토의 이름을 따서 '파레토의 법칙'이라고 불린다.

파레토는 그가 속한 사회의 사람들이 자연스럽게 돈과 영향력을 가진 '지극히 중요한 소수'와 그렇지 못한 '평범한 다수'로 분리된다는 사실에 주목했다. 그리고 이 '중요한 소수'는 사회에서 상위 20퍼센트를 차지하며 '평범한 다수'는 하위 80퍼센트를 차지한다.

그 후 파레토는 실제로 모든 경제 활동 역시 이 법칙을 충실하게 따르고 있다는 사실을 발견했다.

예를 들어, 파레토는 당신이 하고 있는 활동의 20퍼센트가 당신에게 돌아오는 결과의 80퍼센트를 책임진다고 주장한다.

당신 고객의 20퍼센트가 당신 판매의 80퍼센트를 차지하며, 당신의 생산물 또는 서비스의 20퍼센트가 당신의 이윤 80퍼센트를 차지하고, 당신이 맡은 임무의 20퍼센트가 당신이 하는 일에 대한 중요성의 80퍼센트를 차지한다는 것이다. 이것은 만약 당신이 반드시 처리해야 할 열 개 항목에 대한 목록을 만든다면, 그 항목들 중의 두 가지가 나머지 여덟 개 항목들을 모두 합친 것보다 더욱 큰 가치가 있다는 사실을 의미한다.

업무의 수가 아니라 업무의 중요성을 우선 고려하라

여기에서 우리는 대단히 흥미로운 발견을 할 수 있다. 그 각각의 업무들은 아마도 완수하기까지 똑같은 시간이 걸릴지도 모른다. 그러나 그 업무들 중에 한두 가지는 다른 업무들의 다섯 배 혹은 열 배 이상의 가치를 발휘한다.

종종 당신이 처리해야만 하는 열 개의 업무들을 적은 일람표 중에서 하나의 항목이 다른 아홉 개의 항목을 합친 것보다 더욱 커다란 가치를 지닐 수도 있다. 그 업무는 다름이 아니라 반드시 당신이 가장 먼저 먹어야만 하는 개구리를 의미한다.

그렇다면 다른 평범한 사람들이 가장 시간을 끌면서 곧잘 뒤로 미루는 항목은 도대체 어떤 것일까?

불행하게도 대부분의 사람들은 가장 가치 있고 소중한 '지극히 중요한 소수'에 들어가는 상위 10퍼센트 혹은 20퍼센트의 항목을 뒤로 미루면서 시간을 질질 끈다. 그리고 그 대신에 전체적인 결과에 거의 아무런 영향도 미치지 못하는 '평범한 다수', 즉 별다른 가치가 없는 80퍼센트의 업무에 매달린다.

업적이 아니라 당신의 활동에 초점을 맞춰라

우리는 하루 종일 분주하게 움직이는 것처럼 보이지만, 정작 구체적인 성과는 거의 거두지 못하는 사람들을 종종 볼 수가 있다. 그 이유는 그 사람들이 거의 언제나 자신의 회사나 직업적 경력에 진정한 변화를 일으킬 수 있는 한두 가지의 중요한 활동들은 뒤로 미루는 반면에, 가치가 낮은 소소한 일에만 애써 매달리기 때문이다.

당신이 그날 처리할 수 있는 가장 가치 있고 중요한 일들이, 종종 가장 어렵고 복잡한 일일 수도 있다. 그러나 그 업무를 능률적으로 완성함으로써 받게 될 어마어마한 이익과 보상은 그 가치를 따질 수가 없을 정도이다. 그러므로 당신은 상위 20퍼센트의 중요한 업무들은 꾸준히 진행하는 반면에, 하위 80퍼센트의 사소한 업무들은 완강하게 거절해야만 한다.

일을 시작하기 전에, 언제나 자기 자신에게 물어라.

"이 일이 내가 처리해야 할 일 중에서 상위 20퍼센트에 속하는 것인가? 그렇지 않으면 하위 80퍼센트에 속하는 것인가?"

황·금·법·칙
자질구레한 일부터 먼저
처리하고 싶은 유혹에 빠지지 마라.

이 점을 꼭 명심하라. 무슨 일을 선택하든지 간에, 똑같은 선택이 몇 번이고 거듭되면 결국에는 깨뜨리기 어려운 습관이 된다는 것을.

만약 당신이 하기 쉽고 별다른 가치가 없는 업무로 하루를 시작하겠다고 선택한다면, 당신은 곧 언제나 자질구레한 일부터 제일 먼저 시작하는 나쁜 습관에 빠지게 될 것이다. 그것은 당신이 몸에 익히고 계속 유지할 만한 바람직한 습관이 결코 아니다.

중요한 업무들 중에서도 가장 하기 어려운 부분을 제일 먼저 시작해야만 한다. 일단 실제로 가장 가치 있는 일로 하루를 시작하면, 당신은 자연스럽게 그 일을 계속 처리하고 싶은 의욕을 느끼게 될 것이다. 그리고 회사나 자신의 인생에 참다운 영향을 끼칠 수 있는 중요한 업무들을 바쁘게 수행하는 것에서 커다란 기쁨을 느낄 것이다. 당신이 해야 할 일은 지속적으로 그 기쁨을 키워 나가는 것이다.

스스로에게 동기를 부여하라

단지 중요한 업무를 가장 먼저 시작하고 끝내겠다는 사고 방식만 가지게 되더라도, 당신은 일에 대한 커다란 동기를 부여받고 자꾸만 뒤로 미루는 버릇을 극복할 수 있다.

사실 중요한 업무를 완수하는 일에 걸리는 시간 못지않게, 중요하지 않은 일을 끝내는 데에도 많은 시간이 걸리게 마련이다. 다만 가치 있고 중요한 일을 완수했을 때에는 엄청난 긍지와 만족감을 얻게 되는 반면에, 무가치한 일을 끝냈을 때에는 똑같은 시간과 노력을 쏟았음에도 불구하고 거의, 혹은 전혀 만족감을 느끼지 못한다는 데 그 차이점이 있다.

시간 운영이야말로 바로 인생의 운영이며 개인의 운영이다. 시간 운영이 모든 사건의 결과를 지배한다. 시간 운영은 당신이 다음에 처리해야 할 일들을 미리 통제할 수 있도록 만든다. 당신은 언제나 다음에 처리해야 할 일들을 자유롭게 선택할 수 있다.

중요한 것과 중요하지 않은 것을 선별할 줄 아는 능력이 인생과 직장에서의 성공을 결정짓는 가장 중요한 요인이다.

효과적이고 생산적인 사람들은 다른 무엇보다도 먼저 가장 중요한 일부터 처리하도록 자신을 훈련한다. 그들은 그 종류가 무엇이든지 간에, 비록 기쁜 마음은 아니더라도 어쨌거나 그 개구리를 먹는다.

그 결과로 인해 그들은 다른 사람들보다 훨씬 더 많은 것들을 성취하고 훨씬 더 커다란 행복을 느낀다. 그것이 바로 당신이 지향해야 할 작업 방식인 것이다.

개 구 리 를   먹 어 라 !

● 당신의 인생에서 가장 중요한 목표와 활동, 계획 그리고 업무들을 모두 목록에 적어라. 그것들 중에서 어떤 것이 대표적인 상위 10퍼센트에서 20퍼센트에 들어가는 일인가? 혹은 당신에게 돌아오는 결과의 80퍼센트에서 90퍼센트를 낳는 일인가?

● 오늘부터 당신의 인생과 직업적 경력에 진정으로 커다란 영향을 미칠 수 있는 '중요한 소수'에 점점 더 많은 시간을 소비함으로써, 당신은 낮은 가치의 활동에 쏟는 시간을 점점 더 줄일 수가 있다.

CHAPTER
04

결과를 고려하라

EAT THAT FROG!

자신이 가지고 있는 다양한 능력들을
하나의 특정한 방향으로 집중하는 과정을 통해,
누구나 다 위대하게 될 수 있고
누구나 다 성공할 수 있다.

| 오리슨 스웨트 마든 |

탁월한 사상가의 특징은 지금 하고 있는 일, 혹은 하고 있지 않은 일의 결과를 정확하게 예언하는 능력을 지니고 있다는 것이다. 어떤 임무나 활동의 잠재적인 결과야말로 그것이 진짜로 당신과 당신의 회사에 얼마나 중요한 일인가를 판단하는 요소라고 할 수 있다.

어떤 임무가 얼마나 중요한 것인지를 평가하는 이 방법은, 당신이 다음에 먹을 개구리가 과연 무엇인지를 판단할 수 있는 방법이기도 하다.

하버드 대학에서 강의하고 있는 에드워드 밴필드 박사는 15년 동안이나 연구를 한 끝에 '장기적 전망' 이야말로 미국의 사회와 경제 변동에 대한 가장 정확하고 유일한 예언자라는 결론을 내렸다.

장기적인 전망은 가정 환경이나 교육, 인종, 지능, 교제, 그 밖의 다른 어떤 요소들보다도 당신의 인생과 직업에서의 성공을 판단할 수 있는 핵심적 요소이다.

시간을 다루는 태도, 즉 '시간관'은 당신의 행동과 선택에 엄청난 영향을 끼친다. 자신의 생활과 직업에 대해 장기적 안목을 가진 사람들은 미래에 대해 거의 생각하지 않는 사람들보다 시간과 활동에 대해서 언제나 탁월한 결정을 내리는 것처럼 보인다.

황·금·법·칙
장기적 안목이 단기적 결정을 보완한다.

성공한 사람들은 아주 명확하게 지향하는 미래를 가지고 있다. 그들은 5년, 10년, 20년 후의 미래를 생각한다. 그들은 현재의 선택과 행동이 장차 그들이 꿈꾸는 장기적 미래에 부합하는지 꼼꼼하게 분석한다.

시간을 고려하여 좀 더 나은 의사 결정을 내려라

직장에서 무엇에 대해 명확한 개념을 갖는다는 것은 장기적으로 볼 때 매우 중요한 일이다. 장기적 안목은 단기적으로 일의 우선순위를 결정해야 할 때, 훨씬 더 쉽게 훌륭한 결정을 내릴 수 있도록 도와준다.

아주 당연한 이야기지만, 중요한 일에는 언제나 장기적으로 잠재된 결과가 있게 마련이다. 그러나 하찮은 일에는 장기적으로 기대되는 결과가 거의 없다. 어떤 일이든지 간에, 그 일을 시작하기 전에 먼저 자신에게 물어라.

"이 일을 하는 것과 하지 않는 것에 제각기 어떤 잠재적 결과가 따라올까?"

> **황·금·법·칙**
>
> 미래는 현재에 영향을 끼칠 수 있으며,
> 종종 현재의 행동을 결정하기도 한다.

미래의 목표 의식이 뚜렷하면 뚜렷할수록, 지금 이 순간의 행동을 결정하는 과정에 더욱 커다란 영향을 끼친다. 명확한 장기적 안목을 가짐으로써, 당신은 현재의 활동을 평가하고 진심으로 원하는 결과에 이를 때까지 인내하는 것이 쉬워질 것이다.

장기적인 안목으로 사고하라

성공한 사람들은 장기적으로 훨씬 더 커다란 보상을 즐기기 위해, 기꺼이 단기적으로 자신의 욕망을 뒤로 미루고 희생한다. 그 반면에 실패한 사람들은 장기적 미래에 대해서 거의 생각하지 않으며, 단기적인 즐거움과 즉각적인 욕망 충족에 대해서 더욱 많이 생각한다.

의식 개혁 강연자 데니스 웨이틀리는 이렇게 말한다.

"실패자는 항상 긴장을 풀기 위한 일을 하고, 승리자는 목표를 성취하기 위한 일을 한다."

예를 들자면 승리자는 다른 사람들보다 더욱 일찍 출근하고 정기적으로 자기 분야에 관련된 책들을 읽고 기술을 향상시키기 위한 학습 과정들을 밟고 자신의 미래에 매우 긍정적인 영향을 끼칠 수 있는 높은 가치의 일에 모든 정신을 집중한다.

반면에 겨우 아슬아슬하게 지각을 모면하고 오전 내내 신문을 읽고 느긋하게 커피를 마시면서 동료들과 수다를 떠는 것은, 단기적으로 보면 재미있고 즐거운 일이겠지만, 장기적으로는 승진 명단에서 탈락되고 낮은 업무 평가를 받고 그리고 좌절감을 맛보는 결과만을 낳게 될 뿐이다.

만약 잠재적으로 커다란 긍정적 결과가 기대되는 업무나 활동이 있다면, 그 일에 최고 우선권을 부여하고 즉시 그 일을 시작하라. 만약 어떤 일이 신속하고 훌륭하게 처리되지 않았을 때 잠재적으로 커다란 부정적 결과를 가져올 수 있는 것이라면, 마찬가지로 최고 우선권을 부여해야만 한다.

당신의 개구리가 어떤 것이든지 간에, 먼저 그것부터 해결해야만 하는 것이다.

강력한 동기 유발을 하려면, 무엇보다도 먼저 그 동기가 필요한 법이다. 당신의 행동이나 활동이 당신의 인생에 더욱 강력하고 긍정적인 잠재적 영향을 끼치게 되면, 자꾸만 중요한 업무를 뒤로 미루는 버릇을 극복할 수 있게 된다. 그 결과로 인해 당신은 재빨리 일을 끝내려는 동기를 더욱 강하게 부여받을 것이다.

초점을 놓치지 말고 언제나 꾸준히 앞으로 나아가라. 그리고 당신의 회사와 당신의 미래에 중요한 결과를 가져올 수 있는 업무들을 먼저 시삭하고 완성하라.

시간은 결코 당신을 기다려 주지 않는다. 단지 문제는 당신이 시간을 쓰는 방법과 일주일이나 한 달이 지난 후에 당신이 도착하려는 목적지라고 할 수 있다.

당신이 최종적으로 도착하게 되는 목적지는, 당신이 단기적인 행동에 의해 나타날 결과에 얼마나 많은 관심을 기울이고 신중하게 선택하였는가에 따라서 전적으로 좌우된다.

당신의 선택과 결심, 그리고 행동이 불러일으킬 잠재적인 결과에 대해서 끊임없이 생각하라. 그것이 당신의 일과 인생에 있어 진정한 우선순위를 결정하는 가장 좋은 방법이다.

강제적인 효율성의 법칙을 따르도록 하라

"모든 일을 전부 끝내기에는 절대적으로 시간이 부족하지만, 가장 중요한 한 가지 일을 끝낼 시간은 언제나 충분하다."

이것이 바로 강제적인 효율성의 법칙이다.

다시 말하자면, 당신이 연못 속에 들어 있는 모든 올챙이와 개구리를 먹을 수는 없지만, 가장 크고 싫은 놈 한 마리는 얼마든지 먹을 수가 있다는 것이다.

개구리 한 마리를 먹을 시간은 언제나 충분하다!

시간은 부족하고 심각한 결과를 초래할 수 있는 중요한 임무나 계획이 아직 완성되지 않았을 때, 당신은 항상 어떻게 해서든지 그 일을 끝낼 수 있는 시간을 찾아내게 마련이다.

종종 마지막 1분을 남겨놓고 일을 끝내는 경우도 있다. 당신은 일찍 출근하고 늦게 퇴근하며, 제한된 시간 안에 일을 끝내지 않으면 초래될 부정적인 결과를 피하기 위해서 맹렬하게 자신을 몰아간다.

황 · 금 · 법 · 칙

당신은 절대로 처리해야 할 일들을 모두 완수할 수
있을 만큼의 넉넉한 시간을 갖지 못할 것이다.

사실상 오늘날 거의 대부분의 사람들이 자신이 감당할 수 있는 수용 능력을 110퍼센트에서 130퍼센트까지 초과하는 많은 일들을 처리하고 있다. 그리고 한 사람이 처리해야 할 업무와 의무들은 그 비율이 계속해서 점차 높아지고 있다.

우리에게는 언제나 읽어야 할 책들이 산더미처럼 쌓여 있다. 최근의 한 조사에 따르면, 대개의 중역들의 집과 사무실에는 300~400시간분의 독서와 과제물들이 잔뜩 밀려 있다고 한다.

이것이 무슨 뜻인가?

그것은 바로 당신이 결코 쏟아지는 업무와 적절하게 보조를 맞출 수 없다는 것이다. 그것은 당신의 능력을 넘어서는 일이다. 당신이 바랄 수 있는 것은 고작해야 가장 중요한 업무들이나마 성공적으로 처리하는 정도라고 할 수 있다. 결국 다른 일들은 미루어둘 수밖에 없는 것이다.

최종 기한이 유용하다는 말은 핑계에 지나지 않는다

수많은 사람들은 최종 기한이 미리 결정되어 있을 때, 그 일을 더욱 잘 처리하게 된다고 말한다. 그러나 불행하게도 지난 몇 년간에 걸친 조사의 결과를 보면, 그것이 거의 사실이 아니라는 것을 알 수 있다.

최종 기한에 대한 압력은 종종 일들을 자꾸만 뒤로 미루고 지연하는 동안 발생하게 마련이다. 최종 기한이 가까이 다가올수록 사람들은 더욱 큰 스트레스에 시달리며, 더욱 많은 실수를 저지르고, 다른 어떤 조건하에서 하는 것보다 더욱 많은 일들을 처리하게 된다.

수많은 사람들이 촉박한 최종 기한에 맞추기 위해서 서둘러 일을 하다가 일으키는 실수들은 종종 장기적으로 대단히 심각한 재정적 손실을 초래하기도 한다.

실제로 기한을 맞추려고 무모하게 돌진했다가 모든 일들을 처음부터 다시 시작해야만 하는 사태가 벌어졌을 때, 훨씬 더 많은 시간이 걸린다.

업무를 시작하기 전에 먼저 주의 깊게 시간을 계획하는 것이 좋다. 그리고 예상치 못하게 일이 지연되거나 방해를 받게 될 때를 대비해서 이를 만회할 수 있는 충분한 여유를 두는 것이 좋다. 한 가지 업무를 수행하는 데 어느 정도의 시간이 걸릴 것이라고 예상하면 그보다 20퍼센트 정도 추가로 시간을 할당하라. 아니면 최종 기한보다 훨씬 더 먼저 그 업무를 완료할 수 있는지 스스로와 내기를 하라. 그렇게 하면 당신이 얼마나 더 편안하게 일할 수 있으며 얼마나 더 일을 잘 해낼 수 있는지 깜짝 놀라게 될 것이다.

생산성을 극대화하기 위해 물어야 할 세 가지 질문

만약 당신이 미리 결정되어 있는 일정대로 가장 중요한 임무들을 끝내기 위해서 지속적으로 정신을 집중하려고 노력한다면, 정기적으로 다음과 같은 세 가지 질문을 스스로에게 던져 보아야 한다.

첫 번째 질문은 바로 이것이다.

"무엇이 가장 가치 있는 활동인가?"

다시 말하면 이런 뜻을 담고 있다. 당신이 먹어야 하는 개구리들 중에서 어느 놈이 당신이 속한 조직에 가장 크게 기여를 하겠는가? 당신의 가정에는? 또한 당신의 인생에는?

이것은 당신이 끊임없이 묻고 대답해야만 하는 가장 중요한 질문들 중의 하나라고 할 수 있다.

무엇이 가장 가치 있는 활동인가?

당신은 먼저 스스로 그 대답을 구할 수 있어야 한다. 그런 다음에 상사에게 물어라. 당신의 직장 동료와 부하 직원들에게 묻고 당신의 친구와 가족들에게 물어라. 카메라의 초점을 맞추듯이, 업무에 들어가기 전에 반드시 가장 가치가 높은 활동이 무엇인지 보다 명확하게 인지하라.

계속해서 당신이 대답을 찾아야만 하는 두 번째 질문은 바로 이것이다.

"만약 두 가지 일을 다 잘 처리할 수 있다면, 내가 할 수 있는 것과 나만이 할 수 있는 것 중에서 정말로 중요한 일은 무엇인가?"

이 질문은 경영학의 권위자인 피터 드러커의 말이다. 이것은 개인의 효율성을 높이기 위해, 우리가 반드시 던져야 할 질문들 중에서 가장 좋은 질문 중의 하나라고 할 수 있다. 두 가지 일을 다 잘 처리할 수 있다면, 내가 할 수 있는 것과 나만이 할 수 있는 것 중에서 정말로 중요한 일은 무엇일까?

그 대답은 오직 당신 자신만이 할 수 있다. 당신이 그 일을 처리하지 않으면, 어떤 다른 사람도 그 일을 처리하지 못할 것이다. 그러나 당신이 그 일을 원만하게 처리한다면, 그리고 훌륭한 성과를 거둔다면, 당신의 인생과 직장 생활에 정말로 중요한 영향을 끼칠 것이다.

그 일이 무엇인가? 무엇이 그 개구리인가?

하루 24시간 동안 쉬지 않고 이 질문을 자신에게 던진다면, 반드시 그 대답을 얻게 될 것이다. 그 대답을 확실히 얻은 후에는, 다른 무엇보다 먼저 그 일을 시작하도록 하라.

세 번째 질문은 바로 이것이다.

"지금 당장 내 시간을 가장 가치 있게 사용할 수 있는 일은 무엇인가?"

이 질문을 바꾸어 말하면 다음과 같다.

"지금 이 순간 나의 개구리들 중에서 가장 큰 개구리는 과연 어떤 놈인가?"

이것이야말로 시간을 효율적으로 운영하는 데 있어서 핵심적인 질문이다. 이 질문은 뒤로 미루는 버릇을 고치고 생산성이 높은 사람이 되기 위해서 필수적인 것이다.

매시간 자기 자신에게 이 질문을 던지고, 적극적으로 그 대답을 찾아라. 당신이 해야 할 일은 끊임없이 자기 자신에게 질문을 던지고, 언제나 그 대답에 따라 작업을 하는 것이다.

먼저 첫 번째로 중요한 일들을 해결하기 위해서 적극적으로 착수하고, 두 번째로 중요한 일들에 대해서는 눈도 돌리지 마라.

괴테는 이렇게 말했다.

"하찮은 일 때문에 중요한 일을 놓쳐서는 결코 안 된다."

더 정확한 대답을 얻고 싶다면, 먼저 명확하게 일의 우선순위를 결정하라. 그렇게 하면 뒤로 미루는 버릇을 고치고, 현재 당신의 시간을 가장 가치 있게 이용할 수 있는 활동을 시작하기가 훨씬 쉬워질 것이다.

개 구 리 를   먹 어 라 !

● 당신의 임무와 활동, 그리고 계획들을 적은 목록을 규칙적으로 점검하라. 그리고 끊임없이 자신에게 물어 보라.

"내가 훌륭하고 적절한 방법으로 이 일을 처리했을 때, 과연 어느 계획 혹은 활동이 나의 인생에 가장 긍정적인 영향을 끼칠 것인가?"

● 내가 할 수 있는 일 중에서 가장 중요한 것이 무엇인지 매 순간 결정하라. 그런 다음에 시간을 가장 가치있게 사용할 수 있는 일에 적극적으로 매진할 수 있도록 스스로를 훈련하라. 지금 이 순간, 당신에게 있어서 그러한 일은 과연 무엇인가?

당신에게 가장 커다란 도움이 될 수 있는 것을 첫 번째 목표로 설정하고, 그것을 성취하기 위한 계획을 세운 다음, 즉시 계획에 따라서 작업을 진행하라. 항상 괴테의 명언을 기억하라.

"당장 시작하고 최선을 다하라. 언제나 그 일에 매달려라. 그리하면 반드시 성취할지니!"

CHAPTER 05

'창조적인' 뒤로 **미루기**를 연습하라

EAT THAT FROG!

날마다 중대한 업무를 처리하기 위한
시간을 만들어라.
미리 당신의 하루 노동량을 계획하라.
아침에 곧바로 처리해야 하는
비교적 사소한 몇 가지 일들을 반드시 선별하라.
그다음 곧장 중대한 업무들을 시작하고,
완성할 때까지 멈추지 마라.

| 중역실 보고서 |

'창조적인' 뒤로 미루기는 모든 개인적 실행 기술들 중에서도 가장 효과적인 기술 중의 하나다. 이것이 당신의 인생을 바꿀 수 있다.

사실 당신은 해야 할 일들을 모두 다 할 수가 없다. 그러니까 결국 어떤 일은 뒤로 미루는 경우가 생길 수밖에 없다!

우선 사소한 일을 뒤로 미루어라. 좀 더 작고 덜 미운 개구리들은 다음 식사로 미루어라. 그러고는 가장 크고 보기 싫은 개구리들을 먹어라. 가장 힘들고 어려운 일을 가장 먼저 수행하라.

누구나 일을 미루게 마련이다. 단지 작업 성과가 좋은 사람들과 성과가 낮은 사람들의 차이점은, 주로 그들이 뒤로 미루기로 선택한 것이 무엇인가에 따라 결정된다. 무언가 뒤로 미루지 않으면 안 될 상황이라면, 가치가 낮은 활동들을 뒤로 미루겠다고 결심하라.

어쨌든 당신 인생에 크게 기여하지 못하는 활동들은 뒤로 미루거나 남에게 떠넘기거나 위임하거나 제거하겠다고 결심하라. 올챙이들을 없애고 개구리에 집중하라.

우선순위 업무와 후순위 업무를 정하라

당신이 꼭 기억해야 할 것이 있다. 적절한 우선순위를 정하기 위해서는 먼저 해야 할 일과 나중에 할 일들을 정해야만 한다. 우선순위는 더 중요하고 더욱 빨리 해야 하는 어떤 것을 뜻하며, 반대로 나중에 할 일들은 조금이라도 덜 중요하고 나중에 해도 되는 어떤 것을 의미한다.

> **황·금·법·칙**
>
> 가치가 낮은 활동들을 빨리 포기하는 일에
> 빨리 익숙해지도록 해라. 그런 다음에 당신은
> 필요한 시간을 가질 수 있고 인생을 통제할 수 있다.

시간 관리에 있어서 가장 효과적인 단어 중의 하나가 바로 '안 돼'라는 말이다. 그 말을 하되 정중하게 하라. 그리고 단호하게 말하라. 그렇게 해야 오해의 소지가 없기 때문이다. 또한 시간 관리 체계에 있어서 일상적인 한 부분으로 정기적으로 "안 돼"라고 말하라. 머뭇거리지 말고 종종 그 말을 사용하라. 머뭇거릴 시간이 없다는 사실을 늘 명심하라. 흔히 하는 말처럼 '할 일은 충분히 많기' 때문이다.

새로 어떤 일을 하기 위해서는, 지금 하고 있는 어떤 일을 완성하거나 중단해야만 한다. 어딘가 들어가려면 먼저 빠져나와야만 한다. 무엇인가를 집어 들기 위해서는 반드시 손에 들고 있는 물건을 내려놓아야만 한다.

창조적인 뒤로 미루기는 사려 깊은 행동이며, 지금 당장 하지 않을 일들을 신중하게 결정하는 것이다.

의도적으로 뒤로 미루어라

대부분의 사람들은 무의식적으로 뒤로 미루기를 한다. 그들은 생각 없이 아무 일이나 뒤로 미룬다. 그 결과 자신들의 인생과 직장 생활에 장기적으로 중요한 결과를 가져올 수 있는 중대하고도 어렵고 가치 있는 임무들을 뒤로 미루게 된다.

당신은 어떤 희생을 치르더라도 이런 일반적 경향을 피해야 한다.

당신이 해야 할 일은 정말로 당신의 인생과 직업에 중요한 변화를 가져올 수 있는 임무에 더 많은 시간을 투자하기 위해서 가치가 낮은 임무를 신중하게 뒤로 미루는 것이다.

당신이 맡은 의무와 책임을 살펴보며, 지금 포기한다고 해도 전혀 실질적인 손실이 없는 무익한 일과 활동을 확인하는 것을 게을리 하지 마라. 그것은 결코 끝나지 않는 의무라고 할 수 있다.

내 친구의 예를 들어보자. 그는 독신이었을 때, 열렬한 골프 애호가였다. 그는 일주일에 세 번에서 네 번 정도 골프장에 나갔고, 한 번 시작하면 4시간씩 골프를 치곤 했다.

몇 년 뒤 그는 사업을 시작했고, 결혼을 했고, 두 아이의 아버지가 되었다. 그러나 여전히 일주일에 서너 번은 골프를 쳤다.

그러다가 마침내 골프에 쏟는 많은 시간이 가정과 사무실에서 엄청난 스트레스로 돌아온다는 것을 깨달았다. 그는 단지 골프를 치는 시간을 대폭 줄임으로써, 자신의 인생을 다시 통제할 수가 있게 되었다.

시간을 많이 소요하는 활동을 후순위로 미루어라

끊임없이 당신의 삶과 직장을 돌아보라. 그래서 당신이 포기할 수 있는, 시간을 많이 소요하는 일들이 무엇인지를 찾아내라. 텔레비전을 끄고 절약한 시간을 가족과 함께 독서나 운동,

기타 당신의 인생을 고양시키는 일에 써라.

당신의 작업 활동들을 돌아보고 정말로 중요한 작업에 더 많은 시간을 자유롭게 활용하기 위해서 다른 사람들에게 위임하거나 혹은 제거할 수 있는 임무들을 확인하라.

언제, 어디에서든지 할 수 있는 사소한 일들을 결정하라. 그리고 오늘부터 당장 창조적인 뒤로 미루기를 연습하라. 그러한 결심만이 당신의 인생을 변화시킬 수가 있다.

개 구 리 를   먹 어 라 !

● 당신 인생의 모든 부분을 '백지 상태로부터 생각하는' 연습을 하라. 계속 자신에게 질문하라.
"내가 이미 이 일을 하지 않았다면, 지금 내가 알고 있는 사실에 비추어 보았을 때, 과연 오늘 또다시 그와 똑같은 일을 했을까?"
만약 다시 시작할 것이 아니며 당신이 지금 알고 있는 것을 안다면, 그것은 포기나 창조적인 지연을 위한 0순위 후보인 것이다.

● 당신의 개인적이고 직업적인 활동을 모두 점검하고 오늘 상황을 토대로 그것을 평가하라.
만약 오늘 다시 시작하고 싶지 않은 어떤 일이 있다면, 그것이야말로 완전히 포기하거나 혹은 창조적인 뒤로 미루기의 대상이 될 수 있는 첫 번째 후보다.

CHAPTER 06

지속적으로 ABCDE 방법을 사용하라

EAT
THAT
FROG!

성공의 첫 번째 법칙은 바로 집중이다.
하나의 목적을 향해 모든 열정을 쏟아라.
왼쪽이든 오른쪽이든지 간에 고개를 돌리지 말고,
곧장 그 목표를 향해 나아가라.

| 윌리엄 매튜 |

일을 시작하기 전에, 먼저 자세한 계획을 세우고 우선순위를 결정하라. 그렇게 할수록, 당신은 중요한 일들을 더욱 빠른 시간 내에 더욱 많이 하게 될 것이다. 당신은 회사에서 점점 더 중요하고 가치 있는 업무들을 맡게 될 것이고, 더욱 큰 성취 의욕을 느끼면서 기꺼이 그 일에 뛰어들 것이다.

ABCDE 방법은 당신이 날마다 사용할 수 있는 강력한 우선순위 결정 기술이다. 이 기술은 매우 단순하고 효과적이며, 당신이 소속되어 있는 분야에서 당신을 가장 능률적이고 능력 있는 사람들 중의 한 명으로 만들어줄 것이다.

종이에 당신의 생각을 적어라

이 기술의 비결은 그 자체의 단순함에 달려 있다. 이 기술의 사용 방법은 다음과 같다. 당신은 오늘 하루 안에 처리해야 할 모든 일들을 적은 목록을 가지고 하루를 시작한다.

종이에 당신의 생각을 적어라. 그런 다음 목록에 적혀 있는 각각의 항목에 A, B, C, D, E를 붙인다.

'A' 항목은 당신이 반드시 처리해야 하는 일을 의미한다. 그것을 소홀히 처리했을 때, 다른 심각한 결과가 발생할 수도 있는 매우 중요한 일이다. 'A' 항목에는 아마도 중요한 고객을 방문하거나, 얼마 후에 열리게 되는 중역 회의에 대비해서 상사가 요구한 보고서를 끝내는 일 등이 해당될 것이다. 그런 항목들이 당신 인생의 개구리들이다.

만약 'A' 업무가 하나 이상이라면, 각 항목 앞에 A-1, A-2, A-3이라고 써 넣어라. A-1이란 당신이 처리해야 하는 개구리들 중에서도 가장 크고, 가장 싫은 개구리를 뜻한다.

최우선 순위의 업무와 차선의 업무

'B' 항목은 어쨌거나 당신이 직접 처리해야만 하는 업무를 의미한다. 그러나 그와 같은 업무들은 비교적 가벼운 결과를 낳는다. 다시 말하자면 개구리가 아니라 올챙이라고 할 수 있는 일들이다. 당신이 그 업무들 중 하나를 하지 않으면 누군가가 불쾌해하거나 불편해할지도 모르지만, 'A' 업무만큼 중요하지는 않은 일들이다. 중요하지 않은 전화 메시지에 응답을 보내거나 이메일에 답변하는 일 등이 여기에 해당될 것이다.

미처 끝내지 못한 'A' 업무가 남아 있을 때에는 결코 'B' 업무를 시작하지 않는 것이 원칙이다. 식탁 위에 개구리가 있을 때에는 결코 올챙이에게 눈길을 돌리지 말아야 한다.

'C' 항목은 처리하면 기분 좋은 일, 그러나 하든 안 하든 그에 따른 결과는 전혀 없는 일이다. 'C'에 속하는 일들로는 친구에게 전화 걸기, 동료와 커피나 점심을 함께 먹기, 또는 근무시간 중에 개인적인 일을 처리하기 등이 해당된다. 이런 일들은 당신의 직장 생활에 아무런 영향도 끼치지 못한다.

'D' 항목은 누군가 다른 사람이 대신할 수 있는 일이다. 오직 당신만이 할 수 있는 'A' 업무들을 위해서 더욱 많은 여유 시간을 내려면, 다른 사람이 처리할 수 있는 일들을 최대한 다른 사람에게 맡기도록 하라.

'E' 항목은 당신이 하지 않을 수도 있고, 하지 않는다고 해도 실제로 아무런 차이가 없는 사소한 일을 의미한다. 그것은 과거에는 중요했지만 더 이상 당신 자신이나 다른 사람들에게 별다른 의미가 없는 업무라고 할 수 있다. 종종 그것은 당신이 습관적으로, 혹은 단지 좋아서 계속하는 일이기도 하다. 그러나 당신이 'E' 항목을 하느라 시간을 소요할 때마다 당신의 인생을 송두리째 뒤바꾸어 놓을 수 있을 만큼 중요한 업무에 쏟을 수 있는 귀중한 일 분, 일 초가 없어진다는 사실을 명심하라.

자, 당신이 처리해야 할 일들의 목록에 A, B, C, D, E를 적어 놓았다면, 이제 당신은 완벽하게 모든 계획을 짠 것이다. 그리고 더욱 중요한 일들을 더욱 빠른 시간 내에 끝마칠 만반의 준비를 갖춘 셈이다.

즉시 행동에 착수하라

ABCDE 방식의 효과를 보기 위해서는 즉시 'A-1' 업무를 시작하고 그 일을 완성할 때까지 멈추지 않는 것이 가장 중요하다. 당신이 처리해야 하는 가장 중요한 임무를 시작하고 계속 유지하려는 강한 의지를 가져야 한다. 개구리 한 마리를 통째로 집어삼키고 완전히 소화가 될 때까지 식사를 계속하라.

지금 벌어지고 있는 상황을 판단하고 작업 목록을 분석해서 어느 것이 'A-1' 임무인지를 결정하는 능력은 더욱 높은 성취감과 더욱 커다란 자부심, 더욱 커다란 자존심, 그리고 더욱 커다란 긍지로 당신을 이끄는 도약판이 될 것이다.

당신에게 가장 중요한 활동, 즉 'A-1'의 업무에 모든 열정을 집중하는 습관을 들인다면, 당신은 당신 주위에 있는 다른 사람들보다 더욱 많은 일들을 할 수가 있다.

개 구 리 를   먹 어 라 !

● 당신의 작업 목록을 검토하고 각 업무 또는 활동 옆에 A, B, C, D, E를 붙여라.
'A-1'의 업무 또는 계획을 선택하고 즉시 그 작업을 시작하라. 그 일이 완전히 끝날 때까지 다른 일에는 결코 눈을 돌리지 않도록 자신을 훈련시켜라.

● 작업을 시작하기 전에 매일 모든 작업 목록에 이 ABCDE 방법을 사용하라. 그렇게 하는 동안 당신은 최고 우선권을 가진 임무를 설정하고 그 일부터 착수하는 습관을 갖게 될 것이다.
물론 당신의 미래는 탄탄대로가 된다!

EAT THAT FROG!

CHAPTER 07

중요한 **성과 분야**에 **초점**을 맞추어라

**EAT
THAT
FROG!**

모든 육체적이고 정신적인 열정을
한 가지 업무에 집중하면,
우리의 문제 해결 능력은
엄청나게 높아진다.

| 노먼 빈센트 필 |

"회사에서 왜 나에게 봉급을 줄까?"

이것은 당신이 직장 생활을 하는 동안 지속적으로 자기 자신에게 묻고 대답해야 할 가장 중요한 질문들 중의 하나라고 할 수 있다.

그런데 공교롭게도 대부분의 사람들은 왜 자신이 봉급을 받고 있는지 정확하게 이해하지 못하고 있다. 그러나 당신이 왜 봉급을 받는지 그리고 회사가 당신에게 기대하는 성과가 무엇인지를 분명하게 알지 못한다면, 당신은 자신의 능력을 제대로 발휘할 수가 없고 더욱 많은 봉급과 빠른 승진을 성취하기 힘들다.

간단히 말하면, 당신은 어떤 분야에서 특정한 성과를 얻기 위해 회사에 고용되었다. 봉급은 고객들이 기꺼이 대가를 지불하는 서비스나 생산품을 창조할 수 있는 어떤 특정한 자질이나 작업 능력에 대한 보상이라고 할 수 있다.

당신이 어떤 직업을 갖고 있든지 간에, 당신의 업무는 다섯 내지 일곱 가지 정도의 중요한 성과로 분류될 수가 있다. 그 이상은 거의 없다. 그것들은 당신이 최선을 다해서 절대적으로 그리고 확실하게 책임을 완수해야만 얻을 수 있는 성과들이다.

당신이 100퍼센트 책임을 져야 하는 업무를 중요한 성과 분야로 규정할 수 있다. 그 일은 당신이 아니면 처리되지 않는다. 그것은 당신의 통제 아래 놓인 일이다. 그 일에서 생겨나는 성과는 다른 사람들의 업무에 반드시 투입되어야 하는, 중요한 하나의 요인이 된다.

중요한 성과들은 혈압, 심장 박동, 호흡, 그리고 뇌파 활동과 같은 신체의 생명 유지 기능들과 아주 흡사하다. 생명 유지 기능들 중 하나가 잘못되면, 그 기관은 죽음을 맞이하게 된다.

이와 마찬가지로 당신이 직장 내에서 중대한 임무 수행에 실패하고 성과를 내지 못한다면, 직장을 잃는 결과를 초래할 수가 있다.

경영과 영업 영역의 중요한 일곱 가지 성과 분야

회사 운영의 중요한 성과들은 계획, 조직, 인사, 대리, 감독, 평가, 보고 등이다. 그런 일들은 회사 관리자가 반드시 자신의 책임 범위 내에서 확실한 성과를 얻어야만 하는 것들이다.

이 일곱 가지 분야 중에서 하나라도 제대로 해내지 못한다면 원하는 업적을 이루지 못하고 경영인으로서 실패하는 결과를 낳을 수도 있다.

영업의 중요한 성과 분야는 영업 실태를 조사하고, 고객의 신뢰를 쌓고, 고객과 좋은 관계를 맺고, 고객의 필요를 파악하고, 설득력 있게 제품이나 서비스를 제시하고, 고객의 반박이나 반대 의견에 성실한 답변을 제시하고, 계약을 체결하고, 사후 관리와 영업을 재창출하는 것이다. 이런 중요한 기술 중 어느 하나라도 훌륭하게 해내지 못한다면 영업 실적이 급격히 떨어질 수 있으며 때로는 실패를 초래할 수도 있다.

어떤 일을 하든지 당신은 직장에서 훌륭하게 업무를 수행하기 위해서 필수적인 기술을 반드시 갖추고 있어야 한다. 그런 기술은 끊임없이 변화한다. 당신이 계발한 핵심 능력들이 처음에는 업무 수행을 잘할 수 있게 해줄 것이다. 그러나 당신의 직장에서 가장 중심적이고, 직장에서 당신의 성패를 결정할 수 있는 성과 분야는 분명히 따로 있다. 그것이 무엇일까?

명확성은 필수다

높은 생산성을 거두기 위한 출발점은, 먼저 당신의 업무에서 중요한 성과 분야에 속하는 일들을 다시 한 번 확인하는 것이다. 당신의 상사와 함께 그 문제에 대해 진지하게 논의하라. 당신이 맡고 있는 책임들에 대해서 목록을 작성한 다음 당신의 상사나 같은 직급의 동료들, 그리고 부하 직원들에게 보여서 확실하게 동의를 받아라.

예를 들어서 상품 판매원의 입장에서 보면 물건을 살 것 같은 손님과 새로운 계약을 맺는 것이 가장 중요한 성과 분야에 들어가는 일이다. 이 업무가 전체 판매 활동의 핵심이라고 할 수 있다.

일단 성사된 판매를 깨끗하게 마무리하는 것은 또 다른 중요한 성과 분야에 들어간다. 판매가 완전히 성사되면, 그 물건이나 서비스를 생산하고 배달하기 위해서 많은 다른 사람들의 활동이 필요하다.

한편 회사의 경영자나 중역의 입장에서 보면 은행 대출 협상이 중요한 성과 분야에 들어간다. 적절한 사람들을 고용하고 효과적으로 일을 대리시키는 것도 중요한 성과 분야에 들어간다. 비서나 접수계원에게는 문서 작성이나 전화 응대, 재빠르고 능률적인 손님 접대 등이 중요한 성과 분야라고 할 것이다. 이러한 업무들을 신속하고 훌륭하게 수행하는 능력이 그 사람의 봉급과 승진을 결정한다.

스스로의 점수를 매겨라

일단 당신의 업무 중에서 중요한 성과 분야를 결정했다면 다음 단계는 각 분야에 1부터 10까지(1은 가장 낮은 점수, 10은 가장 높은 점수이다) 점수를 매기는 것이다. 나는 어떤 일에 강하고 어떤 일에 약한가? 훌륭한 결과를 얻었던 분야는 어떤 것이며, 그렇지 못한 분야는 어떤 것인가?

> **황·금·법·칙**
>
> 당신의 가장 취약한 성과 분야에 의해, 당신의 다른 모든 기술과 능력을 발휘할 수 있는 한계점이 결정된다.

이 법칙에 따르면, 당신은 일곱 개의 중요한 성과 분야 중에서 여섯 개의 분야에 대단히 뛰어나지만 단 하나 일곱 번째 분야에서는 취약할 수 있다. 그럴 때 당신이 서툴게 수행한 일곱 번째 성과 분야가 당신의 발목을 붙잡고, 당신이 다른 기술을 통해 성취할 수 있는 업적들까지도 제한할 수 있다는 것이다.

그 약점은 당신의 효율성에 있어서 커다란 장애물이 될 것이며, 끊임없는 실패와 좌절의 원인으로 작용할 것이다.

예를 들어서 대리인을 세우는 것은 관리자에게 있어서 중요한 성과 분야에 속한다. 이 기술은 관리자가 전체 조직을 운영하고, 다른 사람을 통해서 원하는 결과를 얻을 수 있도록 해주는 핵심 수단이다.

하지만 적절하게 대리인을 임명하지 못하는 관리자는 다른 사람들의 능력을 충분히 활용할 수가 없다. 서툰 대리인의 임명은 그 자체만으로도 지금 추진하고 있는 업무 전체를 망칠 수 있는 것이다.

업무의 성취도가 낮을 때 일을 뒤로 미루게 된다

수많은 사람들이 처리해야 할 일들을 자꾸만 뒤로 미루고 꾸물거리는 가장 커다란 이유 중 하나는, 과거에 자신이 잘 처리하지 못했던 분야의 일과 활동을 회피하고 싶은 마음에서 기인한다.

뚜렷한 목표를 설정하고 특별한 분야의 업무 능력을 향상시키기 위한 계획을 세우는 대신, 대부분의 사람들은 그 일을 회피함으로써 더욱더 상황을 악화시키곤 한다.

반대로 당신이 어떤 특정한 분야의 기술에서 다른 사람들보다 뛰어나면 뛰어날수록, 그 일에 대해서 더욱 강한 의욕을 가지고 실행에 옮길 것이다. 또한 일을 뒤로 미루는 횟수가 줄어들수록, 당신은 더욱 확고하게 그 일을 끝내고 싶어 할 것이다.

사실 누구나 장점과 약점을 모두 갖고 있다. 자신의 취약한 부분을 합리화하거나 정당화하거나 방어하려고 하지 마라. 그 대신에 그 약점들을 명확하게 인지하라.

뚜렷한 목표를 정하고 각각의 취약한 분야에서 좋은 결과를 거두기 위해 세밀한 계획을 세워라. 충분히 생각하라! 당신의 업무에서 최고의 성과를 올리지 못하는 가장 결정적인 이유가 무엇인지 발견하라.

반드시 짚고 넘어가야 할 중요한 질문이 있다

당신이 언제나 스스로에게 묻고 대답해야 하는 가장 중요한 질문들 중의 하나는 바로 이것이다.

"만약 내가 단 한 가지 기술을 계발하고 그것을 아주 훌륭히 실천한다면, 과연 어떤 기술이 나의 직장 생활에 가장 긍정적이고 커다란 영향을 미칠까?"

당신은 이 질문을 평생 동안 직장 생활의 지침으로 삼아야만 한다. 이 질문에 대한 대답을 찾고 싶다면, 먼저 당신 자신을 자세히 성찰하라. 금방 그 대답을 알게 될 것이다.

당신의 상사에게 똑같은 질문을 던져보라. 혹은 당신의 동료에게 물어보라. 한 걸음 더 나아가 당신의 친구와 가족들에게까지 물어보라. 당신은 그들로부터 아주 많은 대답을 들을 수 있다. 무슨 대답이든지 간에 일단 그 해답을 찾았으면, 그 분야에서 당신의 기술을 향상시키기 위한 작업에 착수하라.

당신에게 한 가지 희망적인 소식은, 어떤 사업 기술이든지 반드시 배울 수 있다는 것이다. 만약 어떤 사람이 특정한 핵심 분야에서 특출한 능력을 발휘한다면, 그것은 당신도 마음만 먹으면 그 사람 못지않게 뛰어날 수 있다는 사실을 증명하고 있을 뿐이다.

중요한 일들을 자꾸만 뒤로 미루는 버릇을 없애고 더욱 신속하게 처리할 수 있는 가장 빠르고 좋은 방법은, 핵심 분야에서 확실하게 뛰어난 사람이 되는 것이다. 그것은 당신의 인생이나 직장 생활에서 다른 어떤 일 못지않게 중요하다.

개 구 리 를 먹 어 라 !

● 당신이 처리하고 있는 일들 중에서 가장 중요한 성과 분야가 무엇인지를 확인하라.
확인했는가? 그렇다면 당신이 특출하게 그 업무를 완수해야만 하는 중요한 성과 분야들을 종이에 적어라. 하나하나에 꼼꼼하게 등급을 매겨라. 그런 다음에 당신의 직장 생활에 있어서 가장 큰 도움이 될 수 있는 하나의 중요한 기술을 결정하라. 당신은 그 일을 훌륭히 수행하기 위해 노력해야 한다.

● 당신의 상사에게 그 목록을 보이고 함께 의논하라. 솔직한 의견과 평가를 부탁하라. 다른 사람들의 건설적인 충고를 적극적으로 받아들일 때, 비로소 당신의 능력은 더욱 향상될 수 있다. 부하 직원이나 동료들과 함께 당신이 얻은 결과에 대해 토의하라. 당신의 배우자와 함께 의논하라.
당신의 직장 생활을 위해서 정기적으로 이런 분석을 하는 습관을 갖도록 하라. 결코 자기 자신을 향상하려는 노력을 멈추지 마라. 그러한 결심만이 당신의 인생을 더욱 훌륭하게 변화시킬 수 있다.

EAT THAT FROG!

CHAPTER
08

'3'의 법칙을 적용하라

**EAT
THAT
FROG!**

지금 당신이 있는 자리에서,
당신이 갖고 있는 것들을 가지고,
당신이 할 수 있는 일을 하라.

| 테오도어 루즈벨트 |

당신이 하는 일 중에서 당신의 사업이나 조직에 상당히 기여도가 높고 가치 있는 핵심 업무는 세 가지다. 그 세 가지 핵심 업무가 무엇인지 정확하게 파악하고 나서 그 업무에 집중할 수 있는 능력이야말로 업무 성취도를 극대화하는 필수 조건이다. 이제부터 실제로 있었던 이야기를 들려주겠다.

샌디에이고에서 열리는 훈련 과정을 처음 시작하고 나서 3달이 지난 어느 날, 신시아는 자리에서 일어나더니 훈련을 같이 받고 있는 학생들에게 다음과 같이 말했다.

"석 달 전 제가 처음 여기에 왔을 때 선생님은 12달 만에 제가 버는 수입을 두 배로 늘리고 또 휴일을 두 배로 늘릴 수 있게 해주겠다고 말씀하셨습니다. 사실 그때는 그 말이 너무나 비현실적으로 들렸습니다. 하지만 저는 한 번쯤 시도해볼 용의가 있었습니다.

처음 훈련에 참가한 날, 선생님은 제게 지난 일주일, 그리고 지난 한 달 동안 제가 해 오고 있었던 일들을 모두 목록으로 적어 보라고 하셨어요. 제가 책임지고 있었던 일은 17개에 달하더군요. 그 당시 제가 가진 문제는 완전히 일에 치여 있었다는 겁니다. 저는 일주일에 6일 동안 매일 10시간에서 12시간씩 일을 하고 있었어요. 물론 남편이나 두 어린 자녀와 전혀 시간을 보내지 못하고 있었지요. 그렇지만 저는 도저히 일에서 헤어나올 수가 없었어요.

지난 8년 동안 저는 하이테크 분야에서 급속하게 성장을 거듭하고 있는 기업체에서 일해오고 있었습니다. 해야 할 일이 언제나 감당할 수 없을 만큼 많이 있었고, 시간은 늘 부족해서 그 일을 다 할 수 없었어요."

하루 종일 한 가지 일에만 집중하라

신시아의 이야기는 계속되었다.

"제가 이 목록을 만들고 난 후 선생님은 제 스스로에게 이 질문을 해보라고 하셨어요. '만약 이 목록에 있는 일들 중에서 하루 종일 한 가지 일에만 몰두한다면 회사에 가장 크게 기여할 수 있는 일은 어느 것일까?' 그 일을 파악하는 것은 몹시 쉬웠어요. 제가 그 일에 동그라미를 치고 나자 선생님은 또 이렇게 물으셨어요.

'이 목록에 있는 핵심적인 업무 중에서 단 한 가지 업무를 더 할 수 있다면 어떤 것이 회사에 두 번째로 큰 기여를 하는 업무가 될까요?'

제가 두 번째로 중요한 업무를 파악하자 선생님은 세 번째로 중요한 업무에 대해서도 똑같은 질문을 하셨어요.

그런데 그다음에 선생님이 해주신 말씀은 그 당시 제게 너무나도 큰 충격이었어요. 사실 제가 회사에 기여하는 가치의 90퍼센트는 그 세 가지 업무 속에 다 포함되어 있다고 선생님은 말씀하셨거든요. 그 이외에 제가 하는 일들은 모두 다른 사람에게 위임하거나, 일을 축소하거나, 외주를 주거나, 완전히 없애버려도 되는 몹시 보조적인 업무에 불과하다는 거였어요."

즉각적으로 행동에 착수하라

신시아의 이야기는 거기에서 그치지 않았다.

"저는 그 목록에 적힌 세 가지 업무를 바라보면서 정말로 회사에 가장 큰 기여를 하는 가치 있는 일은 그 세 가지였다는 것을 깨달았습니다. 그것을 깨달은 날은 금요일이었습니다. 다음 주 월요일 아침 10시에 저는 상사와 마주 앉아서 제가 알게 된 것을 설명했습니다. 저는 세 가지 핵심적인 업무를 제외하고 나머지 일들은 모두 다른 사람에게 위임하거나 혹은 외주를 맡길 수 있게 도와달라고 부탁했어요. 그 세 가지 업무에만 하루 종일 전적으로 집중할 수 있다면 제가 회사에 기여하는 가치는 두 배가 될 수 있을 것이라고 느꼈습니다. 그리고 저는 제 기여도가 두 배가 된다면 제가 받는 월급도 두 배로 올려달라고 상사에게 말했어요.

제 이야기를 다 듣고 난 상사는 한마디도 하지 않았습니다. 그는 제가 작성한 업무 목록을 보고 또 제 얼굴을 올려다보고 다시 목록을 보더니 이윽고 말했습니다. '좋아.' 그때 그의 사무실에 걸린 시계를 보니 정확하게 10시 21분이었습니다.

상사는 이렇게 말하더군요. '자네 말이 맞아. 자네가 이 회사에서 하는 일 중에서 가장 중요한 세 가지 업무가 바로 이것들이야. 또 자네가 제일 잘하는 것이기도 해. 그 이외에 사소한 업무들은 모두 다른 사람에게 위임하거나 줄일 수 있도록 자네를 도와주겠네. 그 일들에서 자네가 해방되어서 전적으로 이 세 가지 핵심 업무에 매달릴 수 있도록 해주겠네. 그리고 자네가 말한 대로 자네가 회사에 기여하는 가치가 두 배가 된다면 자네의 월급을 두 배로 올려주겠네.'"

당신의 인생을 송두리째 바꿔라

신시아는 다음과 같이 이야기를 끝맺었다.

"상사는 그의 말대로 했어요. 저도 제 말대로 했습니다. 그리고 상사도 약속을 지켰어요. 상사는 제가 세 가지 중요한 업무에 집중할 수 있도록 다른 사소한 업무들을 다른 사람들에게 위임하거나 분배할 수 있도록 도와주었어요. 그 후 30일이 지났을 때 제 업무 능률은 두 배가 되었습니다. 그리고 상사는 제 월급을 두 배로 올려주었습니다.

저는 지난 8년 이상을 아주 열심히, 힘들게 일해오고 있었어요. 그런데 세 가지 핵심 업무에 제 시간과 에너지를 모두 다 집중하자 단 한 달 만에 제 수입은 두 배가 되었어요. 그뿐만이 아닙니다. 하루에 10시간에서 12시간 일하는 대신 8시부터 5시까지 일하고 저녁 시간과 주말에는 남편과 사랑하는 자녀들과 얼마든지 시간을 보낼 수 있게 되었어요. 핵심 업무에 집중한 결과 제 인생은 송두리째 변화되었던 거예요."

직장에서 가장 중요한 단어는 아마 기여도일 것이다. 당신에게 돌아오는 보상은 금전적이든 정서적이든 간에 항상 당신이 창출하는 업무 결과, 즉 당신이 회사에 기여하는 가치와 직접적인 상관관계를 맺고 있을 것이다. 당신이 얻는 보상을 증가시키고 싶다면 당신은 반드시 회사에 기여하는 가치를 늘리는 데 초점을 맞추어야만 한다. 회사에 더욱 많은 업무 결과를 기여할 수 있도록 혼신의 힘을 다해야 할 것이다. 그리고 그 세 가지 핵심 업무는 언제나 회사에 가장 크게 기여할 것이다.

속성 목록 작성 방법

훈련 과정 초기에 훈련생들에게 시키는 연습이 하나 있다. 고객들에게 한 장의 종이를 준 다음에 이렇게 말하는 것이다.

"30초 안에 지금 이 순간 당신의 삶에서 가장 중요한 세 가지 목표를 이 종이 위에 기록하세요."

사람들이 그들의 삶 속에서 가장 중요한 세 가지 목표를 기록하는 데 단 30초만을 준다 해도 그들의 대답은 30분, 아니 세 시간을 준 것처럼 정확하다는 것을 우리는 알게 되었다. 그 과정은 마치 그들의 잠재의식이 즉시 일종의 '하이퍼드라이브(초공간 여행을 위한 추진 시스템—옮긴이)'의 형태를 띤 다음에 그들의 정신 속에 세 가지 가장 중요한 목표가 즉각적으로 떠올라 종이 위로 옮겨지는 것과 같다. 이 연습에 실제로 참가하는 훈련생들조차도 종종 그런 현상에 몹시 놀라워하곤 한다.

훈련을 하다 보면 80퍼센트 이상의 사람들이 갖고 있는 목표가 대체로 공통적이라는 사실을 알게 된다. 첫 번째 목표는 재정적인 혹은 직장과 관련된 목표다. 두 번째 목표는 가정이나 개인적인 관계와 관련된 목표다. 그리고 세 번째는 건강과 관련된 목표다. 그것은 어찌 보면 지극히 당연하다. 그것들이 인생에서 가장 중요한 세 가지 영역이기 때문이다. 만약 당신이 이 세 가지 영역에서 1점에서 10점까지 스스로 점수를 매긴다면 당신이 삶을 제대로 영위하고 있는지, 그리고 어느 영역을 향상시킬 필요가 있는지 당장 알게 될 것이다. 지금 스스로 점수를 매겨보자. 그리고 배우자와 자녀들에게도 이 연습을 하게 해보자. 대답은 정말로 놀라운 것이 될 수 있다.

  이 훈련 프로그램이 진행되면서 우리는 더 나아가 다음과 같은 영역으로 연습을 확장시켜 나간다.

1. 지금 이 순간, 사업이나 직장에서 당신에게 가장 중요한 세 가지 목표는 무엇인가?
2. 지금 이 순간, 가족이나 개인적인 관계에 있어서 가장 중요한 세 가지 목표는 무엇인가?
3. 지금 이 순간, 가장 중요한 세 가지 재정적인 목표는 무엇인가?
4. 지금 이 순간, 건강과 관련된 가장 중요한 세 가지 목표는 무엇인가?
5. 지금 이 순간, 개인적으로 그리고 직업적으로 향상시켜야 할 가장 중요한 세 가지 목표는 무엇인가?
6. 지금 이 순간, 사회생활에 있어서 가장 중요한 세 가지 목표는 무엇인가?

7. 지금 이 순간, 당신의 인생에서 가장 큰 세 가지 문제나 염려는 무엇인가?

30초 이내에 이 각각의 질문들에 대해서 스스로에게 묻고 대답하도록 해보자. 당신은 아마 스스로의 대답에 깜짝 놀라게 될 것이다. 대답이 어떤 것이든 그 대답들은 대개 지금 이 순간 당신이 처해 있는 상황에 대해서 진실로 정확한 모습을 보여줄 것이다. 그리고 이 대답을 통해서 당신에게 무엇이 정말로 중요한 것인지 알 수 있게 될 것이다.

목표를 정하고, 우선순위를 정하고, 주변을 정리 정돈하고, 한 번에 한 가지 일에 온전히 정신을 집중하고, 가장 중요한 업무를 완성하도록 스스로를 훈련시킨다면, 당신이 갖고 있는 이 모든 것들 뒤에 있는 가장 궁극적인 목표가 오랫동안 행복하고 건강하게 삶을 살아가는 것이라는 사실을 절대로 잊지 않게 될 것이다.

시간 관리는 목표를 이루기 위한 수단이다

시간 관리 기술을 계발하는 주된 이유는 당신의 직장에서 정말로 중요한 일들을 모두 완수하기 위해서다. 그리고 그렇게 함으로써 당신에게 가장 큰 행복과 만족감을 안겨주는 개인 생활에 더욱더 많은 시간을 할애하기 위해서다.

당신이 삶 속에서 느끼는 행복의 85퍼센트는 가족 구성원들뿐만 아니라 다른 사람들, 특히 가장 가까운 사람들과 행복한 관계를 맺음으로써 얻어지는 것이다. 다른 사람들과 맺고 있는 관계의 질을 결정하는 가장 중요한 요인은 바로 당신이 사랑하고, 또 그 대가로 당신을 사랑해주는 사람과 함께 얼굴을 대하고 보내는 시간의 양이다.

시간 관리, 즉 개구리를 먹는 목적, 그리고 더 적은 시간 안에 더 많은 양의 일을 해내려는 목적은 당신이 사랑하는 사람들과 더욱 많은 시간을 함께 보낼 수 있도록 하기 위해서다. 즉, 인생에서 가장 큰 즐거움을 선사하는 일들을 하기 위해서다.

> **황·금·법·칙**
>
> 가장 중요한 것은 직장에서 보내는 시간의 질이며 가정에서 보내는 시간의 양이다.

직장에 있는 동안 쉬지 말고 일하라

당신의 삶을 균형 잡힌 것으로 유지하기 위해서는 직장에 있는 시간 동안 쉬지 말고 일하겠다는 결단을 해야 한다. 출근하면 머리를 숙여라. 그리고 직장에 있는 동안 내내 일하라. 남들보다 조금 일찍 일을 시작하고 조금 늦게까지 직장에 남아 있어라. 그리고 조금 더 열심히 일해라. 시간을 낭비하지 말라. 직장 동료들과 한가하게 수다를 떨면서 1분을 보낸다면 당신이 직장을 유지하기 위해서 반드시 완수해야 하는 일을 할 수 있는 시간을 1분 빼앗기는 것이다.

그보다 한발 더 나아가서 당신이 직장에서 시간을 낭비하는 것은 종종 가족과 보내는 귀중한 시간을 빼앗겨야만 한다는 것을 의미한다. 일을 완수하기 위해서 늦게까지 직장에 남아 있어야 하거나 가정으로 일을 가지고 가서 저녁에 일을 해야만 하기 때문이다. 또한 직장에 있는 동안 효율적이고 능률적으로 일을 하지 않음으로써 당신은 불필요한 스트레스를 스스로에게 자초하는 것이다. 그리고 가족들에게 가장 훌륭한 모습을 보여 주지 못하게 되는 것이다.

한 아이가 어머니에게 이렇게 물었다는 이야기가 있다.

"엄마! 왜 아빠는 매일 밤 서류 가방 가득 일을 갖고 와요? 그리고 가족과는 시간을 전혀 보내지 않아요?"

아이의 어머니는 애석한 어조로 이렇게 대답했다.

"얘야! 네가 아빠를 이해해드려야 한단다. 아빠는 사무실에서 일을 미처 끝내지 못했기 때문에 집으로 가지고 와서 마저 다 해야 하거든."

어머니의 이와 같은 대답에 아이는 또다시 이렇게 물었다.

"그렇다면 왜 아빠를 낮은 학년으로 내려 보내지 않아요?"

삶의 균형은 선택이 아니다

고대 그리스인들에게 가장 유명한 속담은 '모든 일에 중용을 찾아라'였다. 당신은 직장과 개인 생활 사이에 균형을 찾을 필요가 있다. 직장에서는 업무의 우선순위를 정하고 가장 중요한 업무에 집중할 필요가 있다. 그와 함께 능률적으로 일에 임하는 이유는 가정에서 가족들과 함께 더 양질의 삶을 영위하기 위해서라는 사실을 절대로 간과해서는 안 된다.

때때로 사람들은 나에게 와서 이렇게 묻곤 한다.

"직장과 가정생활 사이에 어떻게 균형을 이룰 수 있습니까?"

나는 그들에게 이렇게 되묻는다.

"높은 줄을 타는 곡예사는 얼마나 자주 균형을 잡습니까?"

사람들은 거의 대개 잠시 생각하고 난 후에 이렇게 말한다.

"항상 균형을 잡죠."

그들이 이렇게 대답하면 나는 이렇게 말해준다.

"직장과 가정생활 사이의 균형을 잡는 것도 그와 똑같습니다. 항상 균형을 잡아야 합니다. 물론 그 두 가지 사이에 완벽하게 균형을 잡는 지점에는 절대로 도달하지 못합니다. 하지만 그렇게 되도록 끊임없이 노력해야 합니다."

당신의 목표는 직장에서 최선을 다하는 것이어야만 한다. 최대한 많은 일을 해내고 경력을 다져 나가면서 가능한 한 최고의 보상을 영위하는 것이어야 한다. 그러나 그와 동시에 당신은 언제나 이것을 명심해야 한다. '일하면서 늘 꽃향기를 맡아야 한다.' 당신이 그처럼 열심히 일하는 진정한 이유가 무엇인지, 그리고 당신이 시간을 투자하여 최고의 결과를 이루어내기로 굳게 결심한 진정한 이유가 무엇인지 절대로 잊어서는 안 된다. 당신이 사랑하는 사람들과 얼굴을 맞대고 보내는 시간이 많으면 많을수록 당신은 더욱 행복할 것이다.

개 구 리 를 먹 어 라 !

● 직장에서 당신이 하는 일 중에서 가장 중요한 세 가지 업무를 결정하고 난 다음에 스스로에게 물어라. "하루 종일 단 한 가지 일만 할 수 있다면 내 직장 경력에서 가장 큰 가치를 부여하는 일은 과연 어느 것일까?"
이러한 연습을 두 번 더 하라. 당신에게 있어서 '가장 중요한 세 가지' 업무를 파악하고 나면 하루 종일 그 일에 집중하라.

● 당신의 삶의 영역에서 가장 중요한 세 가지 목표를 파악하라. 그것을 우선순위별로 정리하라. 그것들을 이루기 위해서 계획을 세우고 매일 그 계획을 실행에 옮겨라. 당신이 몇 달 안에, 몇 년 안에 얼마나 많은 것을 이룰 수 있는지 아마 깜짝 놀라게 될 것이다.

CHAPTER
09

시작하기 전에 철저하게 준비하라

**EAT
THAT
FROG!**

지금 당신의 능력이 어느 정도인가는
별로 중요하지 않다.
당신은 평생토록 다 계발할 수 없을 정도로
무한한 잠재력을 가지고 있다.

| 제임스 T. 매케이 |

중요한 일을 뒤로 미루는 버릇을 극복하고 더욱 빨리, 더욱 많은 일들을 처리하기 위한 최고의 방법들 중 하나는 시작하기 전에 필요한 모든 준비를 갖추는 것이다.

완벽한 준비는, 방아쇠를 당기기만 하면 총알이 발사되는 총이나 시위가 팽팽히 당겨져 있는 화살과 같다. 당신은 약간의 물리적인 힘만 가하면 가장 가치가 높은 목표물을 향해서 곧장 나아갈 수 있는 것이다.

예를 들면 커다란 개구리가 메뉴일 때, 언제라도 완벽한 식사를 할 수 있도록 모든 준비를 갖추어놓는 것과 같다. 식탁 위에 필요한 재료들을 모두 올려놓고 한 번에 한 단계씩, 정찬을 드는 셈이다. 오직 하나의 임무에만 집중하고 싶다면 먼저 책상 위나 사무실을 깨끗하게 청소하는 일부터 시작하라. 필요하다면 주위에 널려 있는 온갖 잡동사니들은 마룻바닥이나 책상 뒤로 밀쳐두어라.

가장 중요한 임무를 완성하기 위해서 필요한 모든 정보와 보고서, 세부자료, 서류, 그리고 과제물을 한데 끌어 모아라. 그리고 손만 뻗으면 닿을 수 있는 곳에 그것들을 배치하라.

그 일을 시작하고 끝낼 때까지 계속해서 작업하는 일에 필요한 모든 자료들, 컴퓨터 디스켓, 접근 암호, 이메일 주소, 그 밖의 것들을 확실하게 챙겨라.

장시간에 걸쳐서 편안하고 흥미롭고 쾌적한 작업이 될 수 있도록, 가능한 최상의 작업 공간을 설정하라. 특히 당신의 등을 받쳐주고 두 발을 바닥에 평평하게 놓을 수 있는 편안한 의자는 꼭 갖추어야 한다.

편안한 작업 공간을 창조하라

생산성이 높은 사람들은 즐겁게 시간을 보낼 수 있는 작업 공간을 만드는 일에 많은 시간을 투자한다. 일을 시작하기 전에 작업 공간을 깨끗하게 정돈할수록, 업무에 착수하고 계속 진행하는 것이 더욱 수월해진다.

귀찮은 일(개구리 먹기)을 뒤로 미루는 버릇을 완전히 고칠 수 있는 가장 좋은 방법들 중의 하나는 작업할 수 있는 모든 준비를 미리 완벽하게 갖추는 것이다. 모든 것들을 질서 정연하게 배열하고 나면, 당신은 이미 상당히 그 일을 진행한 듯한 느낌을 받게 된다.

일을 추진하기 시작하라

사람들이 미리 모든 것을 준비하는 그 첫 번째 단계를 거치지 않고 훌쩍 지나감으로써 인생을 송두리째 바꿀 수 있는 중요한 일들이 얼마나 여러 번 시작조차 되지 못했는지, 얼마나 많은 과정들이 미완성으로 남았는지, 얼마나 많은 책들이 빛을 보지 못했는지를 생각하면 그저 놀라울 뿐이다.

로스앤젤레스는 성공적인 영화 대본을 써서 영화 제작사에 팔겠다는 꿈을 가진 사람들을 유혹하는 곳이다. 그들은 로스앤젤레스로 이주한 후에, 언젠가는 반드시 유명한 대본을 쓰겠다는 꿈을 꾸면서, 몇 년 동안 형편없는 직업을 감내하며 살아간다.

최근 〈로스앤젤레스 타임스〉는 한 기자를 윌셔 가로 파견해서 분주하게 오가는 행인들을 직접 인터뷰한 적이 있었다.

기자는 사람들에게 이런 질문을 던졌다.

"당신의 대본 작업은 어떻게 되었습니까?"

행인 네 사람 가운데 한 명꼴로 이렇게 대답했다.

"거의 끝나갑니다!"

그런데 슬픈 사실은 '거의 끝나간다'는 대답이 대개는 '아직 시작조차 하지 않았다'라는 의미라는 것이다. 당신에게는 이런 일이 일어나지 않도록 하라.

당신의 꿈을 향해 출발하라

준비를 다 마치고 나면 즉시 목표를 향해 출발하는 것이 필수적이다. 우선 시작하라. 가장 먼저 해야 하는 일을 해라.

개인적으로 나의 황금 법칙은 다음과 같다. '일을 할 때 80퍼센트는 완벽하게 완성하고 나머지는 나중에 수정하라.' 깃대 위에 그 결과를 높이 매달고 누가 경례를 하는지 지켜보라. 처음에, 아니 처음 몇 번 만에 완벽하게 해낼 것을 기대하지 마라. 완벽하고 옳게 일을 마치기 전에 몇 번이라도 넘어질 각오를 하라.

성공으로 향하는 여정에서 반드시 극복해야 하는 가장 큰 적은 능력 부족도 아니고 기회의 부족도 아니다. 실패에 대한 두려움, 거부에 대한 두려움, 그리고 그것들이 유발하는 의혹이다. 에머슨의 말처럼 두려움을 극복하는 방법은 간단하다.

"당신이 두려워하는 일을 하라. 그리하면 두려움은 확실히 사라진다."

유명한 하키 선수인 웨인 그레츠키는 이렇게 말했다.

"공을 때려라. 그렇지 않으면 100퍼센트 골을 놓치는 것이다."

일단 준비를 다 마치고 나면 용기를 내서 첫 번째 행동을 취해라. 그러면 나머지 것들은 모두 따라올 것이다. 당신이 필요로 하는 용기를 계발할 수 있는 길은 마치 이미 용기가 있는 것처럼 행동하는 것이다.

첫 번째 걸음을 내디뎌라

눈앞에 모든 필요한 자료들을 준비하고 의자에 앉았다면, 효과적인 작업 수행을 위해서 몸을 풀어라. 허리를 쭉 펴고 책상 앞쪽으로 바싹 다가앉아라. 의자에 축 늘어져서 등을 기대서는 안 된다.

당신 스스로 대단히 효과적이고 능률적이며 매우 생산적인 사람인 듯이 행동하라. 그런 다음에 제일 먼저 해야만 하는 항목을 선택하라. 모든 준비가 끝난 후에 이렇게 말하라.

"자, 어서 일을 시작하자!"

그리고 그 일에 뛰어들어라. 일단 시작했으면 그 일이 끝날 때까지 계속 앞으로 나아가라.

개 구 리 를   먹 어 라 !

● 당신의 책상이나 사무실, 또는 집과 작업실을 보기 좋게 정리하라. 자기 자신에게 질문을 던져라.
"내가 작업하기에 가장 좋은 환경이란 어떤 것일까?"
작업 환경이 깨끗하게 정돈되어 있을수록, 당신이 느낄 생산성과 자신감, 확신은 더욱 커진다.

● 자기 자신을 효과적이고 능률적인 사람으로 느끼고 싶은가? 또한 자리에 앉으면 즉시 일을 시작하고 싶은가?
그렇다면 지금 당장 당신의 책상과 사무실을 완벽하게 정리하는 일부터 해결하라.

CHAPTER 10

한 번에
통 하나씩

EAT
THAT
FROG!

아무리 평범한 능력을 가진 사람이라도,
한 번에 한 문제씩 전념하면서
끈기 있게 파고든다면,
아마도 수많은 일들을 달성할 것이다.

| 사무엘 스마일스 |

이런 속담이 있다.

"한 폭씩 재기는 어렵다. 그러나 한 뼘씩 잰다면, 어떤 것이든지 정확하게 잴 수 있다!"

처리해야 할 일들을 자꾸만 뒤로 미루는 버릇을 극복하는 가장 좋은 방법들 중의 하나는, 당신 앞을 가로막고 있는 거대한 업무에서 잠시 눈을 돌린 채, 당신이 감당할 수 있는 한 가지 일에 정신을 집중하는 것이다.

한 번에 한 입씩, 그것이 감당하기 어려울 만큼 커다란 개구리를 먹는 가장 좋은 방법들 중의 하나인 것이다.

공자는 이렇게 말했다.

"천리 길도 한 걸음부터!"

그것은 뒤로 미루는 버릇을 극복하고 더욱 빠른 시간 내에 더 많은 일들을 성취할 수 있는 뛰어난 전략이다.

거대한 사막 횡단

여러 해 전에 나는 현재 알제리의 내륙인 사하라 사막의 심장부 타네즈루프트를 횡단했다.

그 당시에 그 사막은 수년 동안 프랑스 사람들에 의해 버려진 상태였으며, 원래 연료 보급을 위한 역사로 사용되었던 곳들도 텅 빈 채, 문이 닫혀 있었다. 그 사막은 장장 800킬로미터나 되었으며, 물이나 음식은 전혀 없었다. 심지어 풀 한 포기, 새 한 마리조차 찾아볼 수가 없었다. 눈이 닿는 지평선 끝까지 평평하고 드넓게 번쩍이는 모래뿐이었다.

예전에 1,300명이 넘는 사람들이 그 사하라 사막을 횡단하다가 목숨을 잃었다. 종종 모래 바람이 사막을 건너는 길을 지워버렸고 여행자들은 깜깜한 어둠 속에서 길을 잃었다.

이 아무런 특색도 없는 지형을 보완하기 위해서 프랑스인들은 그들이 서 있는 자리에서부터 지구의 완만한 곡선이 만들어내는 지평선이 있는 지점까지 5킬로미터 거리마다 55갤런(1갤런은 약 3.785리터)들이 검은색 석유통을 놓아서 방향을 표시했다.

그 덕분에 우리는 낮 동안 어디에 있든지 방금 지나친 석유통 하나와 5킬로미터 전방에 있는 또 하나의 석유통, 이렇게 석유통 두 개씩을 볼 수가 있었다. 그리고 그것으로 충분했다.

우리는 단지 다음 석유통을 향해서 걸어가면 되었던 것이다. 결국 우리는 단지 '한 번에 하나의 석유통'을 지나감으로써 세상에서 가장 넓은 사막을 횡단할 수 있었다.

한 번에 한 걸음씩

그와 마찬가지로 당신도 한 번에 한 단계씩만 완수하도록 자신을 훈련시킴으로써 당신 인생에서 가장 커다란 업무를 완수할 수가 있다. 당신이 해야 할 일은 오직 당신의 시야가 미치는 곳까지 쉬지 않고 걸어가는 것이다. 그러면 당신은 더욱 멀리까지 바라볼 수 있는 시야를 갖추게 될 것이다.

거대한 임무를 완성하기 위해서는 확실한 신념을 가져야 한다. 그리고 다음에 가야 할 길이 곧 명확하게 나타날 것이라는 굳은 확신이 있어야 한다.

이 놀라운 충고를 기억하라.

"껑충 뛰어라, 그러면 그물이 보일 것이니!"

성공적인 인생이나 성공적인 직장 생활은 한 번에 한 가지 업무를 빠르고 훌륭하게 실행하고, 그런 다음에 곧이어 다른 업무를 실행함으로써 만들어지는 것이다.

재정적인 독립은 달마다, 해마다, 조금씩 돈을 저축함으로써 이루어진다. 건강과 아름다운 몸매는 매일매일 조금씩 덜 먹고 조금 더 운동을 함으로써 얻어진다.

당신은 단지 용기 있게 첫걸음을 내딛고 뚜렷한 목표를 향해 출발함으로써, 그리고 한 번에 한 통씩, 즉 한 단계씩 차근차근 밟아 나감으로써 뒤로 미루는 버릇을 극복하고 놀라운 일들을 성취할 수 있을 것이다.

개 구 리 를   먹 어 라 !

- 당신이 이제까지 미루어두었던 당신 인생의 목표나 업무 혹은 계획을 선택하라. 그리고 궁극적으로 그 일을 완수하기 위해서 필요한 작업의 단계들을 모두 다 목록으로 작성하라.

- 목록을 작성하고 나면 즉시 한 단계를 시작하라. 때로 일을 시작하기 위해서 해야 하는 것은 그저 자리에 앉아서 목록에 있는 한 가지 항목을 완수하는 일뿐이다. 그런 다음에 또 다른 한 가지 항목을 완수하라. 그리고 또다시 한 가지 항목을 완수하라. 결국 당신은 자신이 성취한 결과에 깜짝 놀라게 될 것이다.

E A T   T H A T   F R O G !

CHAPTER
11

당신이 갖고 있는
핵심 기술을
향상시켜라

**EAT
THAT
FROG!**

성공할 수 있는 단 하나의 확실한 방법은
당신의 임무가 무엇이든지 간에,
상대방이 기대하는 것보다
더 많이 일하고 더 많이 노력하는 것이다.

| 오그 만디노 |

'공부하기'는 개인이 자신의 생산성을 높이기 위한 가장 중요한 원칙들 중의 하나라고 할 수 있다. 훌륭하게 작업을 완수하기 위해서 배울 필요가 있는 것들은 모두 배워라.

특별한 유형의 개구리를 먹는 일에 빨리 익숙해지는 가장 좋은 방법은, 그 일에 몰두하고 실행하는 것뿐이다.

일을 자꾸만 뒤로 미루게 되는 중요한 이유는, 자신이 그 일을 해결하기에 부적당하다는 느낌, 혹은 자신감의 결여 때문이다. 또한 그 일을 수행하는 과정에 반드시 필요한 분야에서 스스로 무능력하다고 생각하기 때문이다.

무력감이나 개인의 능력 부족은 당신의 용기를 이내 꺾어버리고 만다. 결국 당신이 그 일을 시작조차 하지 못하도록 만드는 것이다.

당신의 핵심 성과 분야와 관련된 기술들을 꾸준히 향상시켜

라. 항상 이 점을 명심하라. 오늘은 당신이 가장 훌륭할지 모르지만, 당신의 지식과 기술들은 빠른 속도로 시대에 뒤처지고 있다는 사실을……

농구 코치 팻 라일리는 이런 말을 남겼다.

"더욱 좋아지지 않으면, 더욱 나빠질 뿐이다."

절대로 배우기를 멈추지 마라

당신에게 가장 커다란 도움이 되는 시간 운영 방법들 중 하나는 자신이 맡은 중요한 업무들에서 점점 더 나은 결과를 얻는 것이다.

당신이 그 직업에 필요한 지식을 갖추는 것은 최고의 시간 절약법들 중의 하나라고 할 수 있다. 당신이 지금 맡고 있는 중요한 업무들이 더 나은 성과를 거둘 수 있다는 확신이 들수록, 그 일을 시작하려는 의욕도 점차 강해진다.

그와 마찬가지로 자신의 능력을 향상시킬수록 더욱 커다란 에너지와 열정이 솟구치는 것을 느낄 수 있다. 자신이 그 일을 잘 처리할 수 있다는 사실을 알게 되면, 뒤로 미루는 버릇을 쉽게 극복할 수 있다. 그리고 보다 빠른 시간 내에 더 많은 일들을 완수하게 되는 것이다.

작은 정보 혹은 단 하나의 새로운 기술이 일을 처리하는 당신의 능력에 커다란 변화를 가져올 수 있다. 당신이 처리해야만 하는 가장 중요한 일을 확인하라. 그런 다음에 그 일이 요구하는 기술들을 끊임없이 향상시킬 수 있는 계획을 짜라.

> **황·금·법·칙**
>
> 꾸준한 공부는 어느 분야에서든지
> 성공하기 위한 최소한의 조건이다.

어느 분야에서든지 당신의 약점이나 능력 부족을 인정하지 않으려고 한다면, 시간이 흐르면서 당신은 퇴보할 수밖에 없다. 사업에 관련된 것은 모두 다 배울 수가 있다. 그리고 다른 사람들이 배운 것이라면, 당신 또한 얼마든지 배울 수가 있다.

처음 책을 쓰기 시작했을 때, 나는 일일이 눈으로 자판을 확인해야만 겨우 타자를 칠 수 있는 수준이었다. 당연히 좌절감이 밀려들었다. 하지만 나는 계속해서 글을 쓸 생각이라면 반드시 자판을 보지 않고 타자를 칠 수 있어야 한다는 사실을 금방 깨달았다.

그래서 타자 연습 프로그램을 사서 컴퓨터에 설치하고 석 달 동안 날마다 2, 30분씩 꾸준히 연습했다. 3개월이 지나자, 나는 분당 40타에서 45타를 치게 되었다. 그 덕분에 나는 10여 권의 책을 쓸 수가 있었고, 그 책들은 전 세계에서 출판되었다.

정말로 다행스러운 사실은 당신이 더욱 생산적이고 능률적인 사람이 되기 위해 필요한 기술들은 무엇이든지 배울 수가 있다는 것이다. 필요하다면 당신은 능숙한 타자수가 될 수도 있다. 당신은 컴퓨터 도사가 될 수도 있다. 뛰어난 협상가나 놀라운 판매자가 될 수도 있다.

당신은 대중 앞에서 연설하는 것을 배울 수가 있다. 당신은 효과적이고 훌륭하게 글을 쓰는 방법을 배울 수가 있다. 당신이 굳게 결심하고 그 일에 열중한다면, 결코 배우지 못할 기술은 없다.

완벽한 기술 습득으로 나아가는 세 단계

첫 번째, 날마다 적어도 한 시간은 당신이 맡고 있는 업무 분야에 관련된 책을 읽어라. 아침에 조금 더 일찍 일어나서 30분이나 60분 정도 당신이 하고 있는 일을 더욱 효과적이고 생산적으로 도와줄 수 있는 정보가 들어 있는 책이나 잡지를 읽어라.

두 번째, 당신에게 도움이 되는 중요한 기술들을 익힐 수 있는 과정을 공부하고 세미나에 참석하라. 당신의 직업 또는 업무에 관련된 연구 발표회나 회의에 참석하라. 강좌와 워크숍에 참석하라. 제일 앞자리에 앉아서 열심히 받아 적어라. 그 강연 내용을 녹음한 테이프를 구입하라. 당신이 맡고 있는 분야에서 가장 식견이 높고 경쟁력이 뛰어난 사람들 중의 하나가 되도록 헌신적인 노력을 기울여라.

세 번째, 당신의 자동차에 그 녹음 테이프를 두고 자꾸만 반복해서 들어라. 자동차를 소유한 사람들은 먼 거리를 이동하면서 평균적으로 1년에 500시간에서 1,000시간 정도를 자동차 안에서 보낸다.

헛되게 보내는 운전 시간을 무엇인가 배우는 시간으로 바꾸어라. 운전을 하는 도중에 단지 교육용 녹음 테이프를 듣는 것만으로도, 당신은 자신이 속한 분야에서 가장 영리하고 유능하고 높은 연봉을 받는 사람들 중 한 명이 될 수 있다.

더욱 많은 것을 배우고 더욱 많은 것을 인식할수록, 당신은 더욱 커다란 자신감과 의욕을 느낄 것이다. 자신의 능력을 향상시킬수록, 당신은 점점 유능하게 되고 더욱 많은 일을 하게 될 것이다.

더욱 많은 것들을 알게 될수록, 더욱 많은 것들을 배울 수가 있다. 운동으로 근육을 단련시킬 수 있는 것처럼, 정신적 훈련으로 정신력을 강화시킬 수가 있다. 당신 스스로 자기 자신의 한계선을 긋지 않는 한, 당신이 발전할 수 있는 높이와 속도에는 절대로 제한이 있을 수 없다.

개 구 리 를   먹 어 라 !

● 오늘부터 당장 '자기 자신을 향상시키기 위한' 계획을 실천하겠다고 굳게 결심하라. 자기가 맡은 분야에 대해서 평생 동안 배우는 학생이 되어라. 전문가에게 배움이란 결코 끝나는 법이 없다.

● 당신으로 하여금 더욱 훌륭한 결과를 더욱 빠르게 성취할 수 있도록 가장 큰 도움을 줄 수 있는 핵심 기술이 무엇인지 파악하라. 당신이 맡고 있는 분야에서 장차 지도자가 되기 위해서 반드시 갖추어야 할 핵심 능력이 무엇인지 판단하라. 그것이 어떤 것이든지 간에, 목표를 결정하고 계획을 세우고 그 분야에 필요한 당신의 능력을 계발하고 향상시키는 작업을 시작하라. 먼저 실행하는 것이 가장 좋은 방법이다!

CHAPTER
12

당신의 **특별한 재주**를 **지렛대**로 사용하라

**EAT
THAT
FROG!**

당신의 일을 시작하라.
단지 주어진 일에서 그만두지 말고
조금만 더 많이 일하라.
그 조금이 지금까지 한 모든 일들과
맞먹는 가치를 지닌다.

| 딘 브리그스 |

얼마든지 당신은 뛰어난 사람이 될 수 있다! 당신에게는 다른 사람들과 구별되는 특별한 재주와 능력이 있다. 이 세상에는 당신이 먹을 수 있는, 또는 먹는 방법을 배울 수 있는 개구리들이 얼마든지 널려 있으며, 그것을 통해 당신은 당신의 세대 중에서 가장 중요한 사람들 중의 한 명이 될 수 있다.

이 세상에는 당신이 할 수 있는, 또는 당신이 하는 방법을 배울 수 있는 확실한 일들이 아주 많다. 그것은 당신이 자기 자신이나 타인에게 매우 가치 있는 사람이 되도록 만든다.

당신이 해야 할 일은 오직 당신만이 할 수 있는 특별한 분야가 무엇인지 확인한 다음, 그 분야들 속에서 아주 아주 유능하게 되도록 자신을 훈련하는 것이다.

당신의 소득 능력을 증대시켜라

자금 운용이라는 측면에서 볼 때, 당신의 가장 가치 있는 자산은 '소득 능력'이다. 단지 당신의 지식과 기술을 적용함으로써 해마다 수만 달러를 벌어들이게 해주는 것이 바로 당신의 일할 수 있는 능력이다. 그것은 다른 사람들보다 더욱 빠르고 능숙하게 특정한 개구리들을 먹는 능력이기도 하다.

당신은 언제 모든 것들을 잃어버리게 될지 모른다. 당신의 집, 자동차, 직장, 은행 계좌……. 그러나 소득 능력을 갖고 있는 한 당신은 이 모든 것들을 다시, 그것도 더욱 많이 가질 수가 있다.

지금 당신이 갖고 있는 재주와 능력을 아주 꼼꼼하게 평가하라. 당신이 특별히 잘 처리하는 것은 과연 무엇인가? 어떤 분야의 일에 익숙한가? 다른 사람들은 무척 어렵게 여기는 일이지만, 그 반면에 당신에게는 아주 쉬운 일이 무엇인가? 과거의 직장 생활을 돌아볼 때, 당신의 성공적인 인생과 지금의 직장 생활에 가장 큰 도움이 되고 있는 능력은 무엇인가? 당신이 과거에 먹었던 중요한 개구리들은 무엇인가?

당신이 좋아하는 일을 하라

자신이 뛰어나게 잘 처리할 수 있는 일들에 가장 즐거운 마음으로 몰두하는 것은 너무나 당연한 일이다. 당신의 작업에서 가장 즐거운 일은 무엇인가? 당신이 가장 즐겁게 먹고 있는 개구리들은 어떤 종류인가?

당신이 무엇인가를 즐기고 있다는 것은 당신 안에 그 분야에 대한 뛰어난 능력이 깃들어 있다는 사실을 의미한다.

인생에서 당신에게 주어진 가장 커다란 책임들 중의 하나는, 당신이 정말로 좋아하는 일이 무엇인지를 결정하고, 그런 다음에 열정적으로 그 특별한 일을 아주, 아주 멋지게 처리해내는 것이다.

지금 당신이 처리하고 있는 다양한 일들을 돌아보도록 하라. 당신이 다른 사람들로부터 가장 큰 칭찬을 받았던 일은 무엇인가? 당신이 다른 사람들의 작업과 실행에 긍정적으로 영향을 줄 수 있었던 것은 무엇인가?

성공한 사람들은 그들이 가장 잘 처리할 수 있고 가장 즐거운 일이 무엇인지 확인하는 시간을 가진다. 그들은 자신이 하는 일이 진정으로 직장 생활에 커다란 영향을 준다는 사실을 알고 있으며, 그래서 그 임무나 활동 분야에 집중한다.

당신은 언제나 당신만의 특별한 재주와 능력이 최대한 발휘되고, 다른 사람들에게 중요한 기여를 할 수 있는 핵심 업무들부터 시작해야만 한다. 그리고 그 일을 완수하기 위해서 최고의 열정과 능력을 집중해야만 한다.

당신은 자신에게 주어진 모든 일들을 죄다 처리할 수가 없다.

그러나 당신에게 익숙한 몇 가지 일들은 얼마든지 효율적으로 처리할 수가 있다. 그리고 그 몇 가지 일들이 정말로 중요한 결과를 만든다.

개 구 리 를   먹 어 라 !

● 지속적으로 당신 자신에게 다음과 같은 중요한 질문들을 던져라.
"내가 정말로 잘하는 것이 무엇일까? 나의 작업에서 내가 가장 좋아하는 일이 무엇일까? 과거에 나에게 가장 큰 성공을 안겨주었던 것은 무엇일까? 어쨌거나 내가 잘할 수 있는 일이 있다면, 그 일이 과연 무엇일까?"
엄청난 행운을 잡고 막대한 돈을 벌기 원한다면, 먼 미래를 위해서 어떤 한 가지 일을 선택한다면, 과연 당신은 어떤 일을 선택해야 할까?

● 가장 중요한 업무를 훌륭하게 해내기 위한 준비를 하기 위해서 개인적인 계획을 세워라. 당신이 특별한 재능을 갖고 있고 가장 즐겨 일하는 분야에 초점을 맞춰라. 이것이야말로 당신이 갖고 있는 개인적인 잠재력을 실현할 수 있는 열쇠다.

E A T   T H A T   F R O G !

CHAPTER
13

당신을 **구속하는 요인**들을 파악하라

**EAT
THAT
FROG!**

당장 당신의 눈앞에 놓여 있는
임무에 모든 생각을 집중하라.
햇빛은 초점을 맞출 때까지
불꽃을 일으키지 못한다.

| 알렉산더 그레이엄 벨 |

당신이 지금 서 있는 자리와 당신이 언젠가 성취하고자 하는 목적이나 목표 사이에는 당신을 구속하는 중요한 한 가지 요인이 놓여 있다. 당신이 갖고 있는 목적을 이루기 위해서는 그 요인을 반드시 극복해야만 한다. 이제 당신이 할 일은 그 요인을 명확하게 파악하는 것이다.

 무엇이 당신의 발목을 붙잡고 있는가? 당신이 목표를 달성할 때, 그 속도를 결정하는 것은 무엇인가? 당신이 지금 있는 곳에서부터 당신이 가고자 하는 곳까지 도착하는 시간을 결정하는 것은 무엇인가? 무엇이 정말로 중요한 결과를 만들 수 있는 그 개구리들을 먹지 못하도록 당신을 방해하고 붙잡는가? 왜 당신은 아직까지도 목표에 도달하지 못했는가?

 이러한 질문들은 당신이 높은 생산성과 효율성을 성취하기 위해서 계속 묻고 대답해야만 할 중요한 질문들이다. 당신이 처리해야 할 일이 무엇이든지 간에, 거기에는 언제나 당신이 그 일을 처리하는 속도와 능력을 결정하는 제한 요인들이 도사리고 있다.

가장 먼저 당신이 처리해야 할 일은, 최우선적으로 해결해야 할 일을 결정하고 그 일을 방해하는 제한 요인이나 구속들을 자세히 확인하는 것이다. 그다음에는 당신의 모든 에너지를 집중하여 반드시 그 제한 요인들을 제거해야만 한다.

당신을 제한하는 요인을 파악하라

사실상 크든 작든 간에 모든 임무에는, 당신이 그 목표를 성취하거나 업무를 완성하기까지의 속도를 결정하는 대표적인 제한 요인들이 있다. 그것이 무엇인가? 당신의 모든 정신을 가장 중요한 제한 요인에 집중하라. 그렇게 함으로써 당신의 시간과 재능을 가장 가치 있게 이용할 수 있다.

그 제한 요인들은 아주 많다. 당신에게 필요한 사람이나 상사의 결정, 자원, 조직의 어떤 약점, 혹은 그 밖의 다른 어떤 것이 될지도 모른다. 그러나 제한 요인들은 언제나 같은 자리에 있고, 그것을 발견하는 것은 당신의 몫이다.

예를 들어서 사업의 목적은 고객을 계속 창출하고 유지하는 것이다. 충분한 고객을 확보함으로써, 회사는 이윤을 만들고 발전과 번영을 지속할 수 있다.

그런데 모든 사업에는 회사가 목표를 성취하는 속도와 능력을 결정하는 제한 요인들 혹은 구속이 있다. 시장 상황, 판매 수준 그리고 회사 자체의 판매력 등이 바로 그것이다. 때로는 운영 비용이나 생산 방식이 문제가 되기도 한다. 현금 흐름이나 비용이 문제일 수도 있다.

회사의 성공은 자체적인 경쟁력과 고객의 선택, 혹은 현재 시장의 상황에 의해 결정될 것이다. 이러한 여러 가지 요인들 중에서 다른 것들보다 더욱 두드러지게 중요한 요인이 바로 회사의 목표와 이익을 성취하는 속도와 능력을 결정한다.

과연 그것이 무엇인가?

모든 업무 과정에서 그 제한 요인들을 정확하게 확인하고, 다른 어느 활동보다 짧은 기간에 더 많은 진전을 가져올 수 있는 분야에 초점을 맞추어라.

제한 요인에 80/20법칙을 적용하라

80/20법칙은 당신의 인생과 직장 생활을 방해하는 제한 요소에도 똑같이 적용된다. 이것은 그 구속들의 80퍼센트가 당신의 목표 달성을 방해하고 있는 요인들이며, 바로 그것들은 내부에 있음을 의미한다. 제한 요인들은 바로 당신의 내부에, 당신 자

신의 인적 자질이나 능력, 습관, 훈련, 혹은 경쟁력 안에 있다. 그 제한 요인들의 단지 20퍼센트만이 당신 밖, 즉 외부에 있는 것이다. 그 제한 요인들 중에서 불과 20퍼센트만이 외부로부터 오는 것이다. 그것은 경쟁이 될 수도 있고, 시장이나, 정부나, 다른 회사가 될 수도 있다.

    때때로 당신을 구속하는 요인들이 너무 사소해서 특별히 눈에 띄지 않는 것일 수도 있다. 그러므로 진행하는 모든 업무에 대한 상세한 일람표를 만들어서, 무엇이 당신의 발목을 붙잡는지 정확하게 파악하고 모든 활동을 점검해야 할 필요가 있다. 때로는 일부 고객들의 단 한 가지 부정적 인식이나 반감이 전체 판매 실적을 둔화시킬 수도 있다.

    정직하게 당신의 회사를 들여다보라. 당신의 상사나 동료, 부하 직원들이 바로 중요한 목표들을 성취하는 데 있어서 걸림돌로 작용하는 것은 아닌지, 당신 혹은 회사의 성장을 지연시키는 중요한 약점은 아닌지 살펴보라.

    한편 당신 자신의 인생에 있어서, 당신이 개인적 목표들을 성취하는 것을 방해하는 제한 요인이나 문제점이 무엇인지 알고 싶다면, 반드시 정직하게 자신을 성찰해야만 한다.

자신의 내면을 들여다보라

성공한 사람들은 항상 다음과 같은 질문을 던지며, 자신을 구속하고 있는 제한 요인들을 분석한다.

"내 안에서 나의 발목을 잡고 있는 것은 무엇인가?"

더 나아가 성공한 사람들은 자신들의 문제를 적극적으로 해결하기 위해 노력하며, 그 결과에 대해 전적으로 책임을 진다.

당신은 항상 다음과 같은 질문을 잊어서는 안 된다.

"어떤 요인이 내가 원하는 결과에 도달할 때까지 걸리는 시간을 결정했나?"

정확성을 기하기 위해서 부단히 노력하라

제한 요인에 대한 명확한 이해가 그 문제를 해결하는 데 이용할 전략을 결정한다. 정확한 제한 요인을 파악하는 데 실패하거나 잘못 이해한다면, 당신은 전혀 엉뚱한 방향으로 나갈 수 있다. 그리고 결국에는 전혀 상관없는 문제를 해결할 수도 있다.

나의 고객인 한 대기업이 계속 판매가 떨어지는 상황에 처했다. 그 회사의 책임자들은 그렇게 된 주된 요인이 부진한 판매력과 판매 운영에 있다고 결론지었다. 그리하여 운영 조직을 재정비하고 판매원들을 재교육시키느라고 막대한 비용을 지출

했다.

　나중에서야 그들은 판매 부진의 가장 큰 원인이 잘못된 가격 책정에 있었다는 사실을 발견했다. 한 회계사가 우연히 시장 경쟁력과 밀접한 관계가 있는 생산품 가격을 너무 높게 책정하는 실수를 저질렀던 것이다. 일단 회사가 상품 가격을 재조정하자, 판매는 상승했고 사업은 다시 흑자로 돌아섰다.

　일단 한 가지 제한 요인이나 문제점을 찾아내고 성공적으로 해결하고 나면, 당신은 또 다른 구속 혹은 제한 요인을 발견할 것이다. 시간에 맞춰 작업장에 도착하는 것이든지 성공적인 직장 생활을 운영하는 것이든지, 모든 일에는 항상 당신의 발전 속도를 구속하는 제한 요인들과 장애가 있다.

　당신이 반드시 해야 할 일은 그 문제들을 찾아서 되도록 빨리 그것들을 해결하는 데에 모든 에너지를 집중하는 것이다.

　중요한 장애물과 구속을 제거하고, 당신의 하루를 활기차고 능률적으로 시작하라. 모든 에너지와 힘이 넘치게 될 것이다. 당신은 의욕적으로 작업을 진행하고 완성시킬 수 있을 것이다.

　언제나 무슨 일에든 제한 요인들은 있다. 종종 중요한 구속이나 제한 요인들이 당신이 그 순간 먹어야 할 가장 중요한 개구리가 되곤 한다.

개 구 리 를 먹 어 라 !

● 오늘 당신의 인생에서 가장 중요한 목표가 무엇인지를 확인하라. 당신의 목표는 무엇인가? 만약 당신이 그것을 성취할 수만 있다면, 당신 인생에서 가장 긍정적이고 커다란 효과를 낳게 될 목표는 무엇인가? 당신의 직장 생활에 가장 긍정적이고 커다란 영향을 미치게 될 직업적 성취는 무엇인가?

● 당신이 목적을 성취하는 속도를 제한하는 요인이 무엇인지 판단하라. 그것은 외적인 제한 요인일 수도 있고 내적인 제한 요인일 수도 있다. 당신 자신에게 질문을 던져라.
"나는 왜 아직까지 그 목적을 이루지 못했을까? 내 안에서 나의 발목을 잡고 있는 것이 무엇일까?"
당신이 무슨 대답을 발견했든 간에, 즉시 그것을 해결하기 위해 행동으로 돌입하라.
무엇이든 하라. 무조건 시작하라.

CHAPTER 14

자신에게 압력을 가하라

EAT THAT FROG!

성공을 위한 첫 번째 필수 조건은
당신의 육체와 정신의 열정을 끊임없이
한 문제에 쏟아붓는 것이다.

| 토머스 에디슨 |

이 세상은 누군가 나타나서 자신이 바라는 이상을 이루도록 자신을 격려해주기를 바라는 사람들로 가득 차 있다. 하지만 문제는 아무도 구원자가 되겠다고 앞으로 나서지 않는다는 점에 있다. 그런 사람들은 버스가 다니지 않는 거리에서 버스를 기다리고 있는 것과 마찬가지다. 결국 스스로 인생을 책임지고 자기 자신을 몰아세우지 않으면, 평생 동안 오지도 않는 버스를 기다리기만 하다가 끝날 수 있다. 그리고 대부분의 사람들이 그렇게 하고 있다.

겨우 2퍼센트의 사람들만이 누군가의 지시를 받지 않고 스스로 모든 일을 처리한다. 우리는 그런 사람들을 '지도자'라고 부른다. 당신이 되고자 하는 사람, 당신이 될 수 있는 사람, 또 당신이 지향하는 사람이 바로 이러한 인간형이다.

당신 안에 내재한 잠재력을 최대한 끌어내기 위해서 스스로에게 압력을 가하는 습관을 형성해야 한다. 누군가 다른 사람이 나타나서 당신을 도와주기를 기다려서는 안 된다. 당신은 잡아먹을 개구리들을 스스로 선택해야만 하고, 그런 다음에는 우선순위에 따라서 혼자 그것들을 먹어야만 한다.

분야를 선도하라

당신 자신이 다른 사람들의 역할 모델이라고 여겨라. 당신 자신에 대한 기준을 높여라. 당신이 하는 업무와 행동에 대한 기준을 다른 사람이 당신을 위해 세워놓은 기준들보다 조금 더 높게 잡아야 한다. 조금 더 일찍 시작하고, 조금 더 열심히 일하고, 조금 더 늦게까지 일하겠다고 자신과 약속하라. 항상 정해진 것보다 더 멀리 갈 수 있는 길을, 당신이 받는 기대보다 더 많은 것을 할 수 있는 방법들을 찾아라.

성격의 중요한 부분을 구성하는 자부심에 대해서, 저명한 심리학자 나다니엘 브랜든은 이렇게 정의를 내렸다.

"자부심이란 스스로 만드는 자신의 평판이다."

당신은 성공하거나 실패함으로써 당신 자신의 평판을 끌어올리거나 끌어내릴 수 있다. 우리에게 희망적인 사실은, 모든 일에 최선을 다하도록 자신에게 압력을 가할 때마다, 보통 사람들이 대개 걸음을 멈추는 장소를 추월할 때마다, 자신에 대해 형용할 수 없는 자부심과 긍지를 느끼게 된다는 것이다.

가상의 최종 기한을 창조하라

뒤로 미루는 습관을 극복할 수 있는 가장 좋은 방법은 가장 중요한 업무를 완수할 수 있는 기한이 단 하루밖에 없는 것처럼 일하는 것이다.

방금 긴급한 전갈을 받고 한 달 동안 도시를 떠나야 한다고 가정해보라. 만약 당신이 한 달 동안 이 도시를 떠나야 한다면, 떠나기 전에 가장 확실하게 처리해야 할 일은 무엇인가? 그것이 무엇이든, 당장 그 일을 시작하라.

모든 경비를 누군가가 대신 부담해주는 휴가 여행을 방금 경품으로 받았다고 상상해보라. 그러나 당장 내일 아침에 떠나지 않으면, 그 경품을 다른 사람에게 양도해야 한다.

당신이 여행을 가려면 그 전에 끝내야 할 일이 무엇인가? 그것이 무엇이든, 즉시 시작하라.

성공한 사람들은 보다 높은 수준에서 업무를 완수하기 위해 꾸준히 자신에게 압력을 가한다. 반면 실패한 사람들은 다른 사람들의 지시나 감독, 압력이 있어야만 마지못해 일을 한다.

뒤로 미루는 버릇을 고칠 수 있는 좋은 방법 중의 하나는, 한 달 동안 회사를 떠나 있거나 휴가를 가야 하는데, 가장 중요한 일들을 끝낼 수 있는 날이 단 하루밖에 없는 것처럼 생각하고, 모든 작업을 하는 것이다.

  당신 자신에게 압력을 가함으로써 당신은 예전보다 더 빨리, 더 많은 업무들을, 더 효과적으로 완수할 수가 있다. 당신은 높은 실행력과 높은 성취력을 가진 사람이 될 수 있다. 또한 자신에 대해 긍지를 느끼고 조금씩 조금씩 신속하게 업무를 완성하는 습관을 만들 수 있다. 그와 더불어 당신의 인생은 완전히 바뀔 것이다.

개 구 리 를 먹 어 라 !

● 모든 임무와 활동에 최종 기한을 정하라. 당신 자신을 스스로 구속할 수 있는 '강제 시스템'을 만들어라. 자신에게 빗장을 지르고 고리를 여는 일이 없도록 하라. 일단 당신 자신이 최종 기한을 정했으면, 그 작업에 달라붙어서 최선을 다하라.

● 작업을 시작하기 전에 중요한 일이나 계획의 모든 단계를 자세히 기록하라. 그런 다음 각 단계에 도달하는 데에 시간을 얼마나 쓸 것인지를 결정하라.
그런 다음에 당신이 정한 시간과 경주를 벌여라. 당신 스스로 세워놓은 최종 기한을 이겨라. 그 기한과 승부를 벌여라. 그리고 이기리라고 굳게 결심하라.

CHAPTER 15

당신의 개인적 능력을 최대한 활용하라

EAT THAT FROG!

당신의 모든 재능을 집중하라.
당신의 모든 기능을 재편성하라.
당신의 모든 열정을 정렬하라.
당신의 모든 능력을 최소한 한 분야 이상을
정복하는 일에 쏟아부어라.

| 존 하가이 |

개인적인 업무 수행과 생산성을 위한 원료는 당신의 육체적, 정신적 그리고 정서적인 에너지 속에 들어 있다. 행복해지고 생산적인 사람이 되기 위한 가장 중요한 조건 중의 하나는 항상 자신의 에너지 수위를 잘 조절하고 북돋워주는 것이다.

　당신의 신체는 음식이나 물, 휴식 등을 이용하여 에너지를 발생시키는 기계와도 같다. 그리고 나면 당신은 그 에너지를 당신의 인생과 직장 생활에서 중요한 업무들을 수행하는 데 사용한다. 당신은 충분히 휴식을 취하면, 두 배 혹은 세 배의 일을 할 수가 있으며, 심지어 지쳐 있을 때보다 다섯 배나 많은 일을 할 수도 있다.

　행복하고 생산력 있는 자신을 만들기 위해 가장 중요한 요소들 중 하나는 매 순간마다 당신의 에너지를 살피면서 키우는 것이다.

과도한 업무는 생산성 저하를 의미한다

누구든지 여덟 시간이나 아홉 시간 정도 일하고 난 후에는 생산성이 떨어지기 시작한다. 그렇기 때문에 야근으로 이어지는 장시간의 작업은, 비록 가끔 어쩔 수 없는 경우가 있다고는 해도, 대개는 시간이 갈수록 생산성을 저하시키기 마련이다.

피로가 쌓이면 쌓일수록 당신의 작업의 질은 점점 더 떨어지고 그만큼 실수도 더욱 잦아진다. 그러다가 어떤 단계에 이르면 당신은 '한계'에 부딪히고 마침내 다 닳아버린 건전지처럼 더 이상 일을 계속할 수 없는 상황에 이르고 만다.

당신 자신의 속도에 따라 일하라

모든 사람에게는 하루 중에 최고의 상태가 되는 특정한 시간들이 있다. 당신은 그 시간이 언제인지를 확인하고, 반드시 그 시간 동안 당신에게 가장 중요하고 의욕적인 업무들을 수행하도록 자신을 훈련시킬 필요가 있다.

대부분의 사람들은 푹 잠을 자고 일어난 후인 오전에 최고의 상태가 된다. 하지만 어떤 사람들은 오후에 가장 활기를 띤다. 소수의 사람들은 저녁 아니면 늦은 밤에 가장 창조적이고 생산적이 된다.

일을 자꾸만 뒤로 미루는 주된 이유는, 당신이 몹시 지치거나 피곤할 때 새로운 업무를 시작하려고 하기 때문이다. 그럴 때 당신에게는 에너지도 열정도 없다. 마치 시동을 끈 엔진처럼, 일을 시작할 힘을 낼 수가 없다.

당신은 너무 지쳤고 시간은 촉박하기만 한데 할 일이 산더미처럼 쌓여 있을 때, 언제든지 동작을 멈추고 스스로에게 이렇게 말하라.

"나는 내가 할 수 있는 것을 할 수 있을 뿐이야."

종종 일찍 집으로 가서 열 시간 이상 푹 잠을 자는 것이 시간을 가장 잘 이용하는 방법일 때가 있다. 그렇게 함으로써 당신은 기운을 충전한다. 그리고 지친 몸으로 야근까지 하면서 계속 일할 때보다, 다음 날은 훨씬 더 능률적으로 두세 배의 일을 처리할 수가 있다.

충분한 수면을 취하라

많은 조사 결과에 따르면, 보통 미국인들은 자신이 하고 있는 많은 작업량에 비해서 충분한 수면을 취하지 못하는 것으로 나타났다. 수백만 명의 사람들이 너무 많은 작업과 너무 적은 수면의 결과로 정신이 혼미한 상태에서 일을 하고 있다.

당신이 할 수 있는 가장 현명한 방법 중의 하나는 단호하게 텔레비전을 끄고 일주일 동안 매일 밤 10시 정도에 잠자리에 드는 것이다. 때로는 매일 한 시간 정도 더 자는 것이 당신의 인생을 완전히 바꿀 수도 있다.

여기 당신이 꼭 지켜야 할 중요한 규칙이 있다. 빈틈없이 꽉 짜여 있는 일주일 중에서 단 하루만큼은 완전히 비워두자.

토요일이든 금요일이든 간에, 그 하루 동안은 절대로 독서도, 전화도, 회사 일도, 기타 당신의 두뇌를 써야 하는 어떤 일도 하지 마라. 그 대신에 영화 관람이나 운동, 가족과 시간 보내기, 산책 등 당신의 두뇌가 완전히 휴식을 취하고 재충전할 수 있는 활동에 참여하라. '변화는 휴식만큼 좋은 것'이다.

매년 정기적인 휴가 기간을 가져라. 정신과 육체의 휴식과 회복을 위해서 주말이나 1, 2주 정도의 휴식 시간을 마련하도록 하라. 당신은 주말이나 휴가를 보낸 후에 가장 생산적이 될 것이다.

일주일에 닷새는 일찍 잠자리에 들고, 주말에는 늦잠을 자고, 일주일에 하루는 더 많은 에너지를 갖기 위한 휴식 시간으로 남겨두자.

이렇게 해서 충분히 보충된 에너지는 당신으로 하여금 뒤로 미루는 버릇을 고치고 더 빠른 시간 내에, 더 훌륭하게 당신의 중요한 업무들을 완수할 수 있게 해준다.

건강에 유의하라

여기에 한 가지 덧붙인다면, 언제나 최상의 상태를 유지하기 위해서는 반드시 먹는 것에 주의를 기울여야 한다. 고단백, 저칼로리 그리고 저탄수화물의 아침 식사로 하루를 시작하라. 점심에는 생선이나 닭고기와 함께 샐러드를 먹어라. 설탕, 소금, 밀가루 음식, 그리고 디저트를 피하라. 청량 음료와 사탕, 과자류를 피하라.

마치 중요한 시합을 앞둔 세계적인 운동 선수가 된 것처럼 먹어라. 날마다 일을 시작하기 전에 당신의 상태는 최상을 유지해야 한다.

기름기가 없는 식사를 하고 규칙적인 운동과 충분한 휴식을 취힘으로써 당신은 더 많은 일들을 더욱 훌륭하고 손쉽게 처리할 수 있다. 그와 더불어 예전보다 더 큰 만족감을 느낄 것이다.

일을 시작할 때 좋은 기분을 느낄수록 뒤로 미루는 횟수는 적어지고 그 일에 대한 의욕은 강해진다. 왕성한 에너지는 높은 생산력, 더 커다란 행복 그리고 당신의 성공을 위해 빠질 수 없는 요소다.

개 구 리 를   먹 어 라 !

● 당신의 현재 에너지 수준과 일상적인 건강 습관들을 분석하라. 다음과 같은 질문을 던짐으로써, 오늘부터 당장 당신의 건강과 에너지 수준을 개선하겠다고 결심하라.
"내가 하고 있는 것 중에서 조금 더 해야 하는 육체적인 활동은 무엇인가?
내가 하고 있는 것 중에 삼가해야 하는 것은 무엇인가?
내가 최선을 다하기를 원한다면 지금 당장 시작해야 하는데 하지 않고 있는 것이 무엇인가?
내가 지금 하고 있지만, 건강을 위해서 그만두어야 할 것이 무엇인가?"

● 당신의 전반적인 건강 상태와 에너지를 향상시키기 위해서 즉시 바꿀 수 있는 행동이나 활동을 한 가지 선택하라. 그리고 그것이 습관이 될 때까지 그 한 가지 행동이나 활동을 반복해서 연습하라. 그런 다음에 두 번째 방법을 선택해서 똑같은 과정을 시작하라.
당신이 그 질문들에 어떤 대답을 했든 간에, 지금 당장 행동을 취하라.

E A T   T H A T   F R O G !

CHAPTER
16

행동하도록 자신에게 **자극**을 주어라

**EAT
THAT
FROG!**

황홀한 모험과 승리,
그리고 창조적인 행동의
강렬한 열정 속에서
인간은 최고의 즐거움을 발견한다.

| 앙트완느 드 생텍쥐페리 |

최상의 상태에서 업무를 수행하기 위해서, 당신은 반드시 자신의 개인 치어리더가 되어야만 한다. 당신은 게임을 최고로 풀어가기 위해서 자신을 코치하고 격려하는 방법을 배워야만 힌다.

긍정적이든 부정적이든 간에, 당신 감정의 대부분은 매 순간 당신이 자신에게 어떻게 말하느냐에 따라서 결정된다. 물론 말 한마디가 실제로 당신을 어떻게 하지는 않는다. 그러나 말을 통해 당신은 자신에게 일어나고 있는 상황을 해석하고, 그에 대해 어떤 감정을 느낄 것인지를 결정하게 된다.

어떤 사건이 당신에게 의욕을 북돋워 줄 것인가 아니면 당신을 침체시킬 것인가, 당신에게 활력이 되는가 좌절이 되는가를 결정하는 것은 바로 당신의 해석이다.

계속 의욕적으로 활동하려면, 완벽한 낙천주의자가 되겠다고 굳게 결심해야만 한다. 당신을 둘러싼 환경과 사람들의 말이나 행동, 그리고 반응에 대해서 언제나 긍정적으로 응답하겠다는 다짐을 해야만 한다. 어쩔 수 없이 닥쳐오는 어려움과 일상 생활의 문제들 때문에 당신의 기분이나 감정을 절대 저하시키지 않겠다고 다짐하라.

당신 내면과의 대화를 주도하라

당신이 자기 자신을 얼마나 좋아하고 존중하느냐, 그 자부심의 수준이 당신의 열의와 끈기를 결정하는 핵심이 된다.

스스로에게 이렇게 말하라.

"나는 나 자신을 좋아한다! 나는 나 자신을 좋아한다!"

당신이 그 말을 굳게 믿고 매우 유능한 사람이 된 것처럼 행동하기 시작할 때까지 거듭 외쳐라.

끊임없이 자신을 북돋우고 의심이나 두려움을 극복하기 위해서, 계속해서 자신에게 말하라.

"나는 할 수 있다! 나는 할 수 있다!"

사람들이 기분이 어떤지 묻거든 항상 이렇게 대답하라.

"아주 좋아!"

그 순간 당신의 기분이 어떤지, 또 당신에게 어떤 일이 일어나고 있는지는 전혀 상관하지 마라. 무슨 일이 있어도 즐겁고

낙관적인 기분을 잃지 않겠다고 결심하라.

빅터 프랭클은 베스트셀러인 《인간의 의미 추구 Man's Search for Meaning》라는 책에서 이렇게 썼다.

"인간에게 있어서 마지막 자유는 주어진 특정한 환경 속에서 스스로의 태도를 선택하는 것이다."

당신이 안고 있는 문제에 대해서 불평하기를 거부하라. 그것들을 혼자 속으로 삼켜라. 그것은 훌륭한 연설가인 에드 포먼의 말과 같다.

"다른 사람들에게 당신의 문제를 털어놓아서는 절대로 안 된다. 그들 중 80퍼센트는 어차피 당신의 문제에 대해서 관심이 없기 때문이다. 그리고 나머지 20퍼센트는 당신에게 그런 문제가 생겼다는 것을 오히려 기뻐하기 때문이다."

긍정적인 태도를 계발하라

마틴 셀리그만은 펜실베이니아 대학에서 22년간 연구한 끝에 그 내용을 《낙관적인 사람이 인생에서 성공하는 이유 Learned Optimism》라는 책에 요약했다. 그는 낙천주의야말로 개인적으로나 직업적으로나 성공과 행복을 성취하기 위해서 가장 중요한 자질이라고 결론을 내렸다. 낙천적인 사람들은 인생의 거의 모든 영역에서 다른 사람들보다 훨씬 더 효율적인 것으로 나타난다.

낙천주의자들은 모두 학습과 반복을 통해서 배운 네 가지 특별한 행동을 나타낸다.

첫 번째로 낙천주의자들은 어떤 상황에서도 명랑한 표정을 잃지 않는다. 그들은 당장 눈앞에 닥친 좋지 않은 상황과 상관없이, 항상 무언가 좋은 것과 유익한 것을 찾는다. 그리고 당연한 일처럼, 반드시 긍정적인 면을 찾아낸다.

두 번째로 낙천주의자들은 어떤 좌절과 어려움 속에서도 가치 있는 교훈을 구한다. 그들은 '어려움은 장애가 아니라 가르침'이라고 믿는다. 그러므로 모든 좌절과 장애 속에 그들이 배우고 성숙할 수 있는 가치 있는 교훈이 있다고 믿으며, 그것을 찾기 위해서 노력한다.

세 번째로 낙천주의자들은 항상 문제의 해결 방법을 찾는다. 좋지 않은 상황을 비난하거나 불평하는 대신, 그들은 행동 지향적이 된다. 그들은 질문한다.

"이 문제에 대한 해결책이 무엇일까? 지금 무엇을 할 수 있을까? 다음엔 어떻게 할까?"

네 번째로, 낙천주의자들은 계속해서 그들의 목표에 대해서 생각하고 말한다. 그들은 자신이 되고자 하는 것과 어떻게 그것에 도달할 수 있는지에 대해서 생각한다.

그들은 지나간 경험과 과거가 아니라, 앞으로 지향하는 것과 미래에 대해서 생각하고 이야기를 한다. 그들은 항상 뒤보다 앞을 바라본다.

당신이 계속해서 성취해야 할 목표와 이상을 생각하고 긍정적인 어조로 자신에게 이야기를 할 때, 당신은 더 강한 집중력과 에너지를 느낄 것이다. 또한 더욱 커다란 확신과 창조력을 느낄 것이다. 그리하여 강한 자신감과 개인적인 능력을 얻게 될 것이다. 언제나 긍정적이고 의욕적인 기분을 느낄 때, 당신은 더욱 열성적으로 새로운 일에 착수하고 더욱 꾸준히 일을 진행하게 된다.

개 구 리 를   먹 어 라 !

● 당신의 생각을 통제하라. 결국에는 당신이 항상 생각하던 대로 일이 풀린다는 것을 반드시 명심하라. 당신은 원하지 않는 것보다 원하는 것에 대해서 더 많이 생각하고 더 자주 말해야 한다.

● 당신 자신과 당신에게 일어난 모든 일들의 책임이 오직 당신에게 있다는 사실을 받아들임으로써, 당신의 마음을 계속 긍정적인 상태로 유지하라. 만약 어떤 일이 일어나더라도, 다른 사람을 비난하거나 비평하지 않도록 하라.

발뺌이 아니라 전진을 하겠다고 결심하라. 당신의 인생을 향상시킬 수 있는 일들에, 즉 긍정적인 미래에 당신의 생각과 에너지를 집중하라. 그리고 계속 전진하라.

EAT THAT FROG!

CHAPTER
17

시간을 잡아먹는 **현대 기술**의 **늪**에서 헤어나라

**EAT
THAT
FROG!**

인생에는 빠르게, 더욱 빠르게
앞으로 나아가는 것만이 아닌
그 이상의 무엇이 있다.

| 간디 |

현대 기술은 당신의 가장 좋은 친구가 될 수도 있고 가장 큰 적이 될 수도 있다. 21세기를 질주해 가는 우리들은 사방에서 밀려오는 수많은 정보의 홍수 속에 파묻혀 있다. 많은 사람들은 사업상으로나 개인적으로나 세계 방방곡곡에 있는 사람들과 끊임없이 정보를 교환하고 연락해야 하는 필요를 갖고 있다. 그들은 그런 필요에 과도하게 집착하지는 않는다 해도, 그런 필요를 단호하게 물리치지 못한다.

이처럼 끊임없이 다른 사람들과 연락을 해야 한다는 강박 관념은 쉬지 않고 무선 통신 기기, 디지털 장비, 인터넷, 휴대전화, 그리고 각종 다양한 접촉 관리 시스템을 사용하게 한다. 그 결과 이러한 강박 관념은 사람들을 심리적으로 헐떡거리게 만든다. 사람들은 잠시 멈춰 서서 향기로운 장미 향기를 음미하고 생각을 정리할 잠깐의 시간조차 낼 수가 없다.

당신에게는 선택권이 있다

반면에 이처럼 숨 막힐 것 같은 통신 기술의 한가운데에서도 막강한 힘을 가지고 있고, 열심히 일하고, 높은 생산성을 자랑하는 사람들은 현대 기술에 압도당하지 않는다. 그들은 그들의 인생을 전반적으로 주도하고 있는 것처럼 보인다.

6,000억에 달하는 펀드와 채권을 관리하는 빌 그로스는 규칙적으로 운동하고, 매일 명상을 하고, 또 아무런 기술의 이기를 사용하지 않으면서도 중심을 잃지 않고 있다. 그는 전화를 끄고, 사무실에 무선 통신 장비를 남겨두고, 그와 끊임없이 연락을 취하고 싶어서 안달하는 사람들에게 방해받지 않고 운동을 한다. 그러면서도 중요한 소식을 하나도 놓치는 법이 없다.

차분한 마음을 유지하고, 머리를 맑게 하고, 최고의 작업 능력을 발휘할 수 있기 위해서는 자칫 잘못하면 당신을 압도할 수 있는 각종 기술과 통신 기기로부터 정기적으로 자신을 격리시킬 필요가 있다.

중독이 되지 마라

얼마 전 워싱턴에서 나는 고위급 임원들과 사업상 점심 식사를 하고 있었다. 점심 식사를 시작하기 전에 그 자리를 주관한 사람 하나가 일어서서 짧게 기도를 했다. 모두들 경건하게 머리를 숙였다. 기도의 말이 끝나고 나서 점심 식사가 시작되었다.

우리 식탁에 앉아 있던 여덟 명 중에서 네 명, 혹은 다섯 명은 기도에 크게 감화를 받은 듯싶었다. 식탁에 음식이 놓였는데도 불구하고 그들은 손을 무릎 위에 가지런히 놓고 고개를 숙인 채 그대로 있었던 것이다. 그들은 그날의 심오한 문제에 대해서 깊은 생각에 빠져 있는 것 같았다.

그런데 그 순간 나는 그들이 기도하고 있는 것이 아니라는 사실을 깨달았다. 그들은 모두 무선 통신 장비를 통해서 이메일을 주고받는 일에 몰두하고 있었던 것이다. 그들은 비디오 게임에 열중하고 있는 10대 소년들처럼 미친 듯이 키보드를 두들기고 있었다. 그들은 그 방 안에 있는 몇몇 사람들을 포함한 다른 사람들과 메시지를 주고받으면서 주위 세상이야 어떻게 돌아가든 아랑곳하지 않고 있었다. 그들은 현대 기술의 늪에 빠져 있었으며 정보 교환의 깊은 웅덩이 속에서 거의 익사할 지경에 있었던 것이다.

현대 기술은 우리의 친구다

현대 기술은 정보를 이전하는 속도와 효율성과 정확성을 증대하는 것을 주목적으로 하고 있다. 기술은 우리의 삶의 질이 향상될 수 있도록 도움을 주기 위해 만들어진 것이다. 우리가 맡고 있는 핵심 업무를 수행할 수 있게 해주고, 세상에 흩어져 있는 여러 중요한 사람들과 더욱 빠르고 더욱 효율적으로 통신을 주고받을 수 있게 해주기 위한 것이다.

그런데 우리는 너무나도 쉽게 현대 통신 기술에 중독될 수 있다. 사람들은 아침에 일어나면 즉시 휴대전화에 혹시 문자나 음성 메시지가 들어와 있는지부터 점검한다. 그런 다음에 컴퓨터로 달려가서 밤새 누가 이메일을 보내지 않았는지 확인한다. 또한 지난 몇 시간 동안 그들이 꼭 알아야 하는 이야기를 누가 했는지 확인하기 위해서 사무실로 전화를 건다. 그들은 5분이나 6분 간격으로 컴퓨터의 달력이나 무선 통신 장비나 디지털 장비, 그리고 통신 기술 장비를 통해서 혹시라도 놓친 것들이 있는지 확인한다. 그러나 이런 현상이 더 이상 통제 불능이 되기 전에 반드시 멈추어야만 한다.

당신의 시간을 되찾아라

19개 주에 유통 센터를 가지고 있는 나의 고객 중 한 명은 하루에도 몇 시간씩 이메일을 받고 그에 응답을 하느라고 컴퓨터에 묶여 있다시피 했다. 컴퓨터 앞에서 보내는 시간이 길어지면 길어질수록 그는 점점 더 다른 중요한 업무들을 완수할 수 없게 되어버렸다. 이렇게 끝내지 못한 업무들 때문에 받는 스트레스는 마치 금방이라도 눈사태로 쏟아져 내릴 눈덩이처럼 커져만 갔으며 결국 그의 성품과 건강과 잠자는 습관에도 영향을 미치기 시작했다.

우리는 그 고객에게 80/20법칙을 가르쳐주었으며 그것을 어떻게 이메일에 적용할 수 있는지도 가르쳐주었다. 그가 받는 이메일 중에서 80퍼센트는 하등 아무런 가치가 없는 것들이었으며 심지어 열어볼 필요조차 없는 것들도 있었다. 그것들은 즉시 삭제해버려야만 하는 이메일들이었다.

남아 있는 20퍼센트의 이메일 중에서도 즉시 응답해주어야 할 필요가 있는 것은 20퍼센트, 즉 그가 받는 전체 이메일의 4퍼센트에 불과했다. 나머지 16퍼센트의 이메일들은 잠시 무시해도 좋거나 혹은 임시 폴더로 옮겨놓고 하나씩 차례로 처리해도 좋은 것들이었다.

기준을 세우고 위임하라

그 고객은 그가 하루에 받는 300통이 넘는 이메일을 분류할 수 있는 능력을 갖고 있는 사람은 자신 이외에는 아무도 없다고 느꼈다. 그래서 아무리 많은 시간이 걸려도 자신이 직접 이메일을 분류해야만 한다고 생각했다. 우리는 그에게 비서와 함께 컴퓨터 앞에 앉아서 이메일을 함께 살펴보라고 권장했다. 비서에게 어떤 이메일이 중요하고, 어떤 이메일은 중요하지 않으며, 가장 흔한 질문이나 요구 사항을 처리하는 방법을 보여줄 것을 권했다.

놀랍게도 두 시간 만에 그의 비서는 그가 받는 이메일들의 대부분을 처리할 수 있었다. 그때부터 그의 비서는 매일 아침 사무실로 들어와서 아무런 가치가 없는 80퍼센트의 이메일을 삭제하곤 했다. 그런 다음에 상사가 개인적으로 행동을 취할 필요가 있는 가장 중요한 이메일들을 별도의 파일로 전송했다.

그 일이 있고 난 후 처음 만났을 때 그는 이러한 훈련의 결과를 추적해오고 있었다고 말했다. 추적을 하고 난 후 그는 이제 일주일에 23시간을 절약할 수 있게 되었으며 그 절약한 23시간을 개구리를 먹고 가장 중요한 업무를 완성하는 데 할애할 수 있다는 것을 알게 되었다. 이처럼 간단한 훈련이 그의 인생을 송두리째 변화시켰으며, 그가 받는 스트레스를 현격하게 감소시켰고, 그의 건강과 힘을 향상시켰으며, 훨씬 더 편안하고 긍정적인 사람으로 그를 바꾸어놓았다.

이제 당신을 향한 질문을 하나 제시하겠다.

만약 당신에게 매주 23시간이 덤으로 생겼다고 해보라. 그 시간에 생각하고 일하고 계획을 세우고 중요한 직장 동료들과 이야기를 나누고 심지어 배우자와 함께 산책을 갈 수 있다고 해보라. 그렇다면 당신의 인생이 어떻게 변할 것이라고 생각하는가?

노예가 되기를 거부하라

저명한 경제 잡지인 《포춘》의 한 기자는 2주일의 휴가를 다녀오고 나서 사무실에 도착했을 때 700통이 넘는 이메일이 자신을 기다리고 있었다고 최근 기사에 썼다. 그는 그 많은 이메일을 다 훑어보자면 족히 일주일은 걸릴 것이라는 사실을 깨달았다. 그러자면 그 일주일 동안 그의 책상에서 기다리고 있는 업무에는 손도 댈 수 없을 것이었다.

직장 생활을 시작하고 나서 처음으로 그는 깊이 심호흡을 하고 나서 모두 삭제 버튼을 눌렀다. 700통이 넘는 이메일이 일순간에 영원히 다 지워져버렸던 것이다. 그런 다음에 그는 그와 그의 회사에 정말로 중요한 업무를 바삐 추진해 나갔다.

자신의 행동에 대한 그의 해명은 지극히 간단했다.

"누군가가 나에게 이메일을 보냈다고 해서 그가 내 인생의 일부분을 소유하고 있다는 뜻은 아니라는 사실을 문득 깨달았다. 그리고 반드시 그들에게 답장을 보내야 할 필요는 없다는 사실도 깨달았다. 또한 정말로 중요한 이메일이었다면 아마도 그 이메일을 보낸 사람은 또다시 전송할 것이라는 생각이 떠올랐다."

그리고 중요한 이메일은 정말로 다시 그에게 전송이 되었다.

주인이 아니라 하인

당신이 종사하는 사업이나 개인 생활에서 가장 큰 영향을 미칠 수 있는, 몇 가지 안 되는 것들에 집중할 수 있으려면 우선 현대 기술을 주인이 아니라 하인처럼 대할 수 있도록 스스로를 훈련시켜야만 한다. 기술은 당신을 가로막기 위해서가 아니라 도와주기 위해서 존재하는 것이다. 현대 기술의 목적은 당신으로 하여금 삶을 더욱 편안하고 쉽게 영위할 수 있도록 해주기 위한 것이지 당신의 삶을 복잡하고 혼란스럽고 힘겹게 만들기 위한 것이 아니다.

현대 기술에 대처하는 최고의 규칙 중 하나는 그저 '기술을 내버려 두는' 것이다. 아침에 눈을 뜨자마자 통신 기기를 켜고 싶은 충동을 억제하라. 라디오도 켜지 말라. 텔레비전도 켜지 말라. 휴대전화도 꺼놓은 채 두어라. 당신이 하루 일과의 계획을 세우고 미리 정리할 때까지 컴퓨터도 켜지 마라. 어떤 것도, 어느 누구도 감히 깨뜨리고 당신에게 들어올 수 없는 완벽한 침묵의 영역을 당신의 삶 속에 의도적으로 만들어라. 정기적으로 하던 일을 멈추고 '침묵에 귀를 기울이도록' 당신 스스로에게 강요함으로써 당신의 내면의 평정을 유지하라.

더욱 높은 가치를 지닌 일들을 더욱 많이 이루어내기 위해서 때때로 가치가 적은 일들을 하던 것을 멈추어야만 한다. 지금 중요한 것이 무얼까? 직장에서 당신이 성취해야만 하는 중요한 일이 무엇일까? 당신의 개인적인 삶 속에서 무엇이 중요한가? 당신이 할 수 있는 여러 활동들 중에서 기껏해야 한 개나 두 개를 할 수 있다면 당신은 어떤 활동을 할 것인가?

지속적인 접촉이 반드시 필수적인 것은 아니다

휴가를 가거나 사업상 출장으로 하루나 일주일 혹은 한 달을 출타하게 되고 통신 기기에 접속할 수 없게 된다 해도 큰 일이 일어나지는 않는다는 사실을 꼭 명심하라. 당신이 지속적으로 세상과 접촉을 하든 안 하든 세상은 상관없이 돌아간다. 문제는 해결되고, 해답이 찾아지고, 작업은 완료되고, 삶은 쉬지 않고 흐르는 강물처럼 계속된다. 너무나 중요해서 도저히 기다릴 수 없는 일은 거의 없다.

세미나에 참석한 사람들은 종종 내게 이런 질문을 한다.

"아무리 그래도 신문을 읽거나 라디오를 듣거나 텔레비전을 시청해서 뉴스는 계속 들어야 하는 것 아닌가요?"

그런 질문에 나는 이렇게 대답하곤 한다.

"만약 정말로 중요한 뉴스라면 누군가가 당신에게 말해줄 겁니다."

직장이나 가정이나 당신이 살고 있는 나라나 혹은 세상에서 무언가 중요한 일이 일어난다면 누군가가 당신을 위해서 몇 시간이 걸려서라도 뉴스를 추적해줄 것이다. 그런 다음에 만나자마자 당신에게 그 소식을 전해줄 것이다.

　많은 사람들이 신문을 끊고, 텔레비전에서 뉴스 프로그램을 시청하기를 중단하고, 라디오 듣기를 거부한다. 그런데도 너무나 놀랍게도 그들은 정말로 중요한 일들에 대해서는 다 잘 들어서 알고 있다. 누군가가 항상 그들에게 새로운 정보를 제공해주는 것이다. 당신도 이제 그렇게 해야만 한다.

개 구 리 를   먹 어 라 !

● 일상생활을 하는 동안 완벽한 침묵의 영역을 창조하기로 오늘 당장 결단을 내려라. 아침에 한 시간, 그리고 오후에 한 시간 동안 모든 통신 기기와 현대 기술의 이기를 꺼놓아라. 그런 다음 어떤 일이 일어나는지 알게 되면 당신은 깜짝 놀랄 것이다. 아무 일도 일어나지 않기 때문이다.

● 일주일에 하루를 온전히 쉬어라. 컴퓨터를 만지지도 말고 무선 인터넷을 확인하지도 말고 현대 기술과 접촉하려는 시도는 아예 하지 마라. 직접 육성을 통하는 것 말고는 어느 누구와도 접촉하지 마라. 그렇게 하루를 마무리하고 나면 당신의 정신은 침착하고 맑아질 것이다. 당신의 정신적인 건전지에게 재충전할 시간을 주어라. 통신 기기에게 끊임없이 방해를 받는 것에서 자유로워져라. 그렇게 함으로써 당신은 더욱 편안해지고 정신이 맑아지고 또렷해질 것이다.

EAT THAT FROG!

CHAPTER 18

업무를 자르고 나누어라

**EAT
THAT
FROG!**

습관의 시작은
너무 가늘어서 볼 수 없는 실과 같다.
그러나 우리는 그 실이 굵은 밧줄이 되고
결정적으로 자신의 생각과 행동을 구속할 때까지,
매번 그 실을 강하게 하는 행동을 반복하고,
그 실 위에 또 다른 가는 실을 덧붙인다.

| 오리슨 스웨트 마든 |

크고 중요한 업무를 자꾸 뒤로 미루는 중요한 원인은, 처음 접근하기에 업무가 너무 크고 만만찮아 보이기 때문이다.

중대한 업무의 크기를 줄이기 위해서는 '살라미 소시지 조각 내기' 기술을 쓰면 된다. 한 번에 한 조각의 살라미 소시지를 먹듯, 혹은 한 번에 하나의 개구리를 먹듯, 그런 방식으로 당신은 거대한 업무를 세밀하게 배열한 다음 하나씩 차례대로 해결할 수가 있다.

심리적으로 당신은 전체 일을 한꺼번에 시작하기보다는, 커다란 계획의 작은 부분, 어느 하나를 하기가 더 쉽다는 사실을 발견할 것이다. 종종 당신은 그 일의 어느 한 부분을 일단 시작하고 끝낸 후에, 곧바로 하나의 '조각'을 더 끝내고 싶은 기분을 느낄 것이다.

곧 당신은 자신이 한 번에 한 부분씩 그 일을 진행하고 있음을 깨닫게 될 것이며, 어느 순간 그 일을 성취하게 될 것이다.

끝내고 싶은 충동을 계발하라

기억해야 할 점은, 당신 마음속 깊은 곳에 '완성하고자 하는 갈망'이나 '끝내고 싶은 충동' 같은 것이 있어야 한다는 것이다. 그러한 감정은 실제로 당신이 어떤 임무를 시작하고 완성할 때, 더욱 행복해지고 더욱 유능해진 기분을 느끼게 해준다.

당신은 일 또는 계획을 완료하고자 하는 깊은 무의식적 욕구를 만족시키게 된다. 이러한 성취감 혹은 성취 동기는 다음 업무나 혹은 계획을 시작하고 또다시 최종 완성을 향해서 꾸준히 나아갈 수 있도록 당신을 자극한다. 앞서 얘기했듯이 성취하는 행위는 당신의 뇌에 엔도르핀을 흐르게 한다.

더 커다란 임무를 시작하고 완성할수록, 당신은 더 근사하고 우쭐한 기분을 느낀다. 더 커다란 개구리를 먹을수록, 당신은 더 커다란 개인적인 힘과 에너지의 파동을 경험할 것이다.

어떤 임무의 작은 조각을 시작하고 끝내면, 당신은 또 다른 부분을, 그리고 나선 또 다른 부분을 계속해서 시작하고 끝내고 싶은 의욕을 느낀다.

각각의 작은 단계는 당신에게 앞으로 나아갈 힘을 준다. 당신의 내면에는 완성을 향해서 꾸준히 나아갈 의욕이 생긴다. 그리고 완성은 성취감과 더불어 큰 기쁨과 만족을 준다.

스위스 치즈 방식으로 업무를 공략하라

계속해서 일을 진행하기 위해서 당신이 이용할 수 있는 또 하나의 기술로는 '스위스 치즈' 방식이 있다. 단단하고 구멍이 많은 스위스 치즈 덩어리처럼, 큰 임무에 구멍을 뚫어서 해결하려고 할 때 이 방식을 이용한다.

특정한 시간 동안 일하기로 결심했다면, 임무를 스위스 치즈처럼 만들어라. 아마 5분이나 10분 정도면 될 것이다. 그 후 멈추고 다시 다른 일을 하라. 당신의 개구리를 한 입씩만 먹는 것이다. 그러고 나서 다시 한 입, 또 한 입…….

이 방식의 효과는 '살라미 소시지 조각내기' 방식과 비슷하다. 일단 작업을 시작하면, 당신은 의욕과 성취감을 느낄 것이다. 활력과 열정이 솟구치게 된다. 당신은 내면의 자극을 느끼고 임무가 완성될 때까지 멈추지 않을 것이다.

처음 접근했을 때 너무 크고 어려워서 당신을 압도할 것 같은 임무라면 '살라미 소시지 조각내기' 혹은 '스위스 치즈' 방식을 시도해야만 한다.

당신은 그 기술들이 뒤로 미루는 버릇을 극복하는 데 얼마나 도움이 되는지 깨닫고 깜짝 놀랄 것이다.

나에게는 책이 완성될 때까지 매일 한 페이지씩, 혹은 심지어 한 단락씩 쓰기로 결심함으로써 마침내 베스트셀러 작가가 된 여러 명의 친구들이 있다. 당신도 똑같이 할 수 있다.

개 구 리 를 먹 어 라 !

● 다음의 기술들을 즉시 실행하라.
뒤로 미루었던 크고 복잡하고 다중적인 일을 선택하고 시작하기 쉽도록 그 일에 '살라미 소시지 조각'이나 '스위스 치즈' 방식을 적용하라.

● 행동 지향적이 돼라. 성공한 사람들은 좋은 계획을 들으면 그것을 즉시 행동으로 옮기는 성향을 공통적으로 갖고 있다. 그 결과 그들은 더욱 많은 것을 배우고, 더욱 빨리 배우고, 훨씬 더 좋은 결과를 얻는다. 머뭇거리지 마라. 지금 당장 시작하라!

EAT THAT FROG!

CHAPTER
19

커다란 **덩어리 시간**을 창조하라

**EAT
THAT
FROG!**

미리 결정해놓은 목표에
모든 열정을 집중하는 것보다
당신의 인생에 더욱 큰 힘을 줄 수 있는 것은
아무것도 없다.

| 니도 쿠베인 |

덩어리 시간을 창조하는 전략은 당신이 커다란 임무를 예정표대로 작업하기 위해서 반드시 필요하다.

당신이 수행하는 정말로 중요한 작업의 대부분은 완성할 때까지 다른 어떤 것으로부터 방해받지 않을 수 있는 커다란 덩어리 시간을 필요로 한다. 고가치·고생산적인 시간 덩어리를 창조하고 분할하는 능력이 당신의 직장 생활과 인생에 결정적인 영향을 미친다.

성공한 상품 판매자들은 유력한 고객에게 전화를 걸기 위해서 따로 매일 특정한 시간을 마련한다. 별로 내키지 않는 임무를 뒤로 미루거나 지연하는 대신, 그들은 정해놓고 한 시간─예를 들자면 오전 10시에서 11시까지─동안 고객들에게 전화를 걸기로 결심한다. 그리고 나서 반드시 그 결심을 지킬 수 있도록 자신을 훈련한다.

많은 중역들이 상품에 대한 반응을 알아보는 한 방법으로, 직접 고객들에게 전화를 하기 위해서 따로 매일 특정한 시간을 마련한다. 어떤 사람들은 운동을 하려고 매일 30분에서 60분의 특정한 시간을 할당한다.

수많은 사람들이 매일 밤 잠들기 전 15분 동안 독서를 한다. 그들은 그러한 방법으로 결국 방대한 전집을 읽어낸다.

시간을 블록으로 나누어 계획을 세워라

특정한 시간을 분할해서 작업하는 이 방식이 성공하기 위해서는 미리 당신의 하루를 계획하고, 특별한 활동이나 일을 위해서 일정한 시간을 특별히 예정해두는 것이 중요하다.

당신은 반드시 그 일을 하겠다고 스스로 약속하고, 그런 다음에는 그 약속을 지키도록 자신을 훈련해야 한다. 당신은 중요한 임무를 완성하기 위해서 따로 30분, 60분, 그리고 90분을 챙겨두어야 한다.

생산성이 뛰어난 사람들은 미리 계획한 하루 일과표에 맞추어서 대부분의 활동들을 한다. 그들은 한 번에 하나씩 중요한 임무를 성취하도록 자신의 직장 생활을 설계한다.

그 결과 그들은 점점 더 생산적이 되고, 결국 보통 사람들의 두 배, 세 배 그리고 다섯 배까지 생산하게 된다.

시간 계획표를 사용하라

　미리 날짜와 시간, 분에 따라 세워놓은 시간 계획표는 매우 강력한 개인적 생산력 향상 수단들 중의 하나가 될 수 있다. 시간표를 통해서, 중요한 한 가지 일에 집중할 수 있는 덩어리 시간을 발견하고 만들어낼 수 있다.

　그 작업 시간 동안에는 수화기를 내려놓고 모든 방해물을 제거하라. 그리고 중단 없이 일하라. 최고의 작업 습관 중 하나는 일찍 일어나서 오전에 몇 시간 동안 집에서 일을 하는 것이다.

　사람들에게 둘러싸인 채, 쉴 새 없이 울려대는 전화벨 소리에 공격을 당하는 바쁜 사무실에서보다, 아무런 방해가 없는 집에서 세 배 이상의 일을 더 할 수가 있다.

1분도 헛되이 보내지 마라

　사업상 장시간 비행기를 탈 때에는, 출발 전까지 철저하게 비행기 안에서 해야 할 작업을 계획함으로써, 비행기를 당신의 사무실로 만들 수가 있다.

　일단 비행기가 이륙하면, 당신은 몇 시간 동안 중단 없이 계속해서 일을 할 수 있다. 아무런 방해를 받지 않고 비행기 안에서 꾸준히 일을 하면, 얼마나 많은 일을 할 수 있는지를 깨닫고 놀랄 것이다.

 높은 실행력과 생산력을 갖기 위해서는 1분 1분을 꼼꼼히 계산하는 것이 중요하다. 종종 '시간의 선물'이라고 불리는 여행과 기다리는 중간 시간을 커다란 임무의 작은 덩어리들을 완성하기 위한 시간으로 이용하라.

 명심하라. 거대한 피라미드도 벽돌 한 장 한 장이 모여서 만들어졌다. 훌륭한 인생과 직장 경력은 한 번에 하나의 임무, 혹은 종종 한 임무의 한 부분을 완성해 나감으로써 만들어진다.

 시간 운영에 있어서 당신이 해야 할 일은 중요한 업무들을 예정대로 훌륭하게 처리하기 위해서 꼭 필요한 덩어리 시간을 신중하게 창조적으로 조직하는 것이다.

개구리를 먹어라!

● 항상 시간의 큰 덩어리들을 아낄 수 있고, 미리 예정할 수 있고, 통합할 수 있는 방법에 대해서 생각하라. 그렇게 해서 얻어진 시간을 장기적으로 가장 중요한 결과를 초래할 중요한 업무들을 수행하는 데 이용하라.

● 1분 1분을 계산하라. 미리 당신의 작업을 계획하고 준비함으로써 장애나 방해 없이 꾸준하게 지속적으로 일하라. 특히 당신이 책임지고 있는 중요한 성과에 항상 초점을 맞추어라.

CHAPTER
20

항상 **긴박감**을 가져라

EAT THAT FROG!

기다리지 마라.
'꼭 적당한' 시간은 결코 오지 않는다.
지금 당신이 서 있는 곳에서 무조건 시작하라.
무엇이든지 당신의 힘으로 구할 수 있는
도구들을 가지고 작업하라.
앞으로 나아갈수록
더욱 나은 도구를 발견할 것이다.

| 나폴레옹 힐 |

아마도 높은 실천력을 가진 사람에게서 가장 잘 드러나는 특성은 '행동 지향성'일 것이다. 그들은 항상 긴박하게 핵심 업무를 완수하려고 서두른다.

뛰어나게 생산적인 사람들은 반드시 먼저 생각하고 계획하고 일의 우선순위를 정하는 시간을 갖는다. 그런 다음에 재빨리 작업에 착수해 그들의 목표와 목적을 향해서 힘차게 나아간다. 그들은 꾸준히, 순조롭게 그리고 지속적으로 일한다.

그들은 보통 사람들이 사교 생활을 하고 시간을 낭비하고 가치가 낮은 활동들을 하는 시간 동안에 대단히 많은 작업들을 처리하는 것처럼 보인다.

'흐름'의 상태로 들어가라

가치가 높은 업무를 높은 강도로 꾸준하게 작업할 때, 당신은 실제로 '흐름'이라 불리는 놀라운 정신적 상태에 들어갈 수 있다. 거의 모든 사람들이 어느 순간 이것을 경험한다. 정말로 성공한 사람들은 보통 사람들보다 훨씬 자주 이러한 상태에 빠진다.

최고의 실행과 생산력 상태인 흐름의 상태에 빠지면, 당신의 정신과 감정에는 기적적인 일이 일어난다. 당신은 긍지와 확신을 느낀다. 당신이 하는 모든 일들이 수월하고 확실한 것처럼 보인다. 행복과 활력이 당신을 감싼다. 당신은 크나큰 평온과 효율성을 느낀다.

수세기 동안 확인되고 논의된 흐름의 상태에서, 당신은 실제로 더욱 명확하고 창조적이며 경쟁력 있게 행동하게 된다. 당신의 통찰력과 직관력은 믿을 수 없을 만큼 정확하게 작용한다. 당신은 주변 사람들과 환경의 상호 연결 관계를 이해하게 된다. 종종 더욱 빨리 앞으로 나아갈 수 있게 하는 놀라운 통찰과 생각들이 떠오른다.

일의 성취도를 높이도록 스스로를 자극하라

당신이 이 흐름 상태를 유발할 수 있는 방법들 중의 하나는

'긴박감'을 느끼는 것이다. 긴박감이란 일을 빨리 진행하고 끝내려는 내면의 추진력과 욕망이다. 이 내면의 추진력은 작업을 시작하고 계속 유지하도록 당신을 자극하는 조급함이다. 긴박감은 자신과의 경주인 셈이다. 긴박감을 계속 유발하는 버릇을 들임으로써, '행동 지향적인 경향'을 계발할 수 있다. 할 일에 대해 말만 하는 것이 아니라 직접 행동을 하게 된다. 당신은 즉시 행동을 취할 수 있는 특정한 단계를 찾을 것이다. 당신이 원하는 결과를 얻고 당신이 바라는 목표를 성취하기 위해, 지금 당장 자신이 할 수 있는 일들에 집중할 것이다.

빠른 속도는 위대한 성공과 나란히 손을 잡고 가는 것처럼 보인다. 빠른 속도를 내기 위해서는 일단 출발한 다음부터 계속해서 꾸준한 속도로 움직이는 것이 필요하다. 당신이 더 빨리 움직이면 움직일수록 오히려 그보다 더 빨리 움직이고 싶은 충동을 더욱더 강하게 느끼게 될 것이다. 그때 당신은 '경지'에 들어가는 것이다.

관성을 축적하라

당신에게 가장 중요한 목표를 향해서 꾸준히 지속적으로 행동을 취하고 있을 때 당신은 성공의 관성 원칙을 적용하고 있는 것이다. 이 법칙에 따르면, 이제까지 몸에 밴 타성을 극복하고 처음 일을 시작하는 데에는 무척 많은 에너지가 필요하지만, 그 후부터는 똑같은 상태를 유지하는 데 훨씬 적은 에너지가 필요하다.

한 가지 좋은 소식은 당신이 더 빨리 움직일수록, 더 많은 에너지가 생긴다는 것이다. 당신이 더 빨리 움직일수록, 끝내는 일은 더 많아지고 더 효과적인 기분을 느낄 것이다.

당신이 더 빨리 움직일수록, 당신은 더 많은 경험과 배움을 얻을 것이다. 당신이 더 빨리 움직일수록, 당신은 직장에서 더 유능하고 경쟁력 있는 사람이 될 것이다.

긴박감은 당신을 자동적으로 빠른 출세의 궤도 위에 올려놓을 것이다. 당신이 더 빨리 작업하고 더 많은 일을 처리할수록 자부심과 자존심, 긍지는 더 높이 고양될 것이다. 그리고 당신의 인생과 일을 완벽하게 통제하고 있다는 느낌을 갖게 될 것이다.

지금 하라!

힘들고 중요한 일을 시작하게끔 만드는 가장 간단하면서도 강력한 방법 중 하나는 거듭 자신에게 이렇게 말하는 것이다.

"지금 해! 지금 해! 지금 해!"

만일 당신이 다른 사람들과의 잡담이나 쓸데없는 여러 활동들 때문에, 정작 중요한 업무의 속도가 느려지거나 혹은 방해

받고 있다고 느낀다면, 거듭 자신에게 반복해서 말하라.

"일로 돌아가! 일로 돌아가! 일로 돌아가!"

결국 중요한 작업을 신속하고 빠르게 끝낼 수 있는 사람이 되기 위해서는 반복하기만큼 더 도움이 되는 것은 없다. 반복이 당신을 당신의 분야에서 가장 가치 있고 인정받는 사람들 중에 하나로 만들 것이다.

개 구 리 를   먹 어 라 !

● 오늘 당장 당신이 하는 모든 일에 긴박감을 느끼겠다고 결심하라. 당신이 뒤로 미루기 쉬운 분야의 업무를 선택하고 그 업무에서 빠르게 행동하는 습관을 계발하겠다고 결심하라.

● 새로운 기회나 해결해야 하는 문제를 발견하면, 즉시 행동을 취하라. 임무나 책임이 주어지면, 신속하게 실행하고 빨리 보고를 하라. 당신 인생의 모든 중요한 분야에서 발 빠르게 움직여라.
당신은 스스로 크게 향상되었다고 느낄 것이다. 그리고 자신이 처리할 수 있는 많은 일들에 놀라게 될 것이다.

EAT THAT FROG!

CHAPTER
21

한 번에 처리하라

EAT
THAT
FROG!

여기 진정한 능력의 비밀이 있다.
끊임없는 연습을 통해 어떤 순간,
어떤 자리에서도 당신의 재능을 통제하고
집중하는 방법을 배워라.

| 제임스 앨런 |

개구리를 먹어라!

계획을 세우고, 일의 우선순위를 정하고 조직하는 매 순간 이 단순한 개념을 마음에 새겨라.

지금까지 인류가 이루어낸 모든 위대한 업적은 일을 다 끝마칠 때까지 오랜 기간 동안 성실하게 그 임무에 집중함으로써 얻어진 것이다. 가장 중요한 임무를 선택하고, 그것을 시작하고, 그 임무를 완수할 때까지 그 임무에만 성실하게 집중하는 능력이 성취도와 개인적인 생산성을 높일 수 있는 핵심이 된다.

한번 시작하면 계속 밀고 나가라

일단 임무를 시작하면, 그 일이 100퍼센트 완성될 때까지 한

눈을 팔거나 딴 생각을 하지 않고 작업을 계속해야만 한다.

"일로 돌아가라!"

언제든지 그만두고 싶거나 중단하고 싶은 유혹을 느낄 때마다, 거듭거듭 이 말을 반복함으로써 앞으로 전진하도록 자신을 독려하라. 당신이 맡은 가장 중요한 임무에 일편단심 정신을 집중함으로써, 당신은 일을 완성하는 데 필요한 시간을 50퍼센트 이상 줄일 수가 있다.

일을 시작했다가 중단하고 잠시 동안 손에 잡았다가 내팽개치고 또다시 돌아오고 하는 잘못된 방법은, 임무를 완수하기 위해 필요한 시간을 거의 500퍼센트 이상 증가시킨다.

매번 업무로 돌아갈 때마다, 당신은 처음부터 다시 지금까지 했던 일과 앞으로 계속 해야만 하는 일에 익숙해져야만 한다. 게다가 관성이 생겨나고 생산적인 일의 리듬을 익힐 때까지 시간을 들여야만 한다. 그러나 당신이 철저히 준비한 다음 시작한다면, 도중하차하거나 한눈팔지 않게 된다. 당신은 불타는 에너지와 열정 그리고 의욕을 느낀다. 당신은 점점 더 생산적이 된다. 더 빨리 일하며 더 능률적인 사람이 된다.

시간을 낭비하지 말라

일단 1순위 업무가 무엇인지 결정되면, 당연히 그 업무 이외의 다른 모든 일들은 상대적으로 시간 낭비가 되는 셈이다. 다른 활동들은 당신이 우선순위를 부여한 그 임무만큼 가치 있지도 중요하지도 않다.

가장 중대한 업무를 중단 없이 작업하도록 자신을 훈련시킬수록, 당신은 더욱 빨리 '능률 곡선'을 따라서 전진할 것이다. 그리고 점점 더 빠른 시간 안에 작업을 끝낼 수 있는 특별한 자질을 체득할 것이다. 그렇지만 작업 중이던 일을 중단할 때마다, 당신은 이 주기를 깨게 된다. 그리고 임무의 모든 부분이 능률 곡선 뒤로 물러나면서 점점 더 힘들어지고 더 많은 시간을 소모하게 된다.

자아 수양이 열쇠다

엘버트 하버드는 자아 수양이란 '반드시 해야 하는 일을 반드시 해야 할 때, 싫든 좋든 상관없이 자신에게 하도록 만드는 능력'이라고 정의했다. 요컨대 어느 분야에서든 성공은 많은 훈련을 요구한다. 자기 훈련, 극기 그리고 자제심은 강인한 성품과 높은 실행력의 밑바탕이 된다.

최고 우선순위의 업무를 시작하고 100퍼센트 완성할 때까지 그 업무를 지속하는 것은 당신의 성격과 의지력, 결심을 알아볼 수 있는 진정한 시험대가 된다.

지속성은 실제로 행동으로 보이는 자기 훈련이다. 중요한 임무를 지속하도록 자신을 훈련시킬수록, 당연히 당신은 더욱 자신을 좋아하게 되고 존경하며, 높은 자부심을 느낄 것이다. 그리고 자신을 좋아하고 존중하게 될수록 지속 훈련은 훨씬 수월해진다. 당신에게 가장 가치 있는 임무에 명확하게 초점을 맞추고 그 임무가 100퍼센트 완성될 때까지 성실하게 집중함으로써, 당신은 실제로 자신의 성격을 변화시키고 새롭게 형성할 수 있다. 당신은 더욱더 뛰어난 사람이 될 수 있다.

당신은 더 경쟁력 있고, 더 믿음직하며, 더 행복한 강자가 될 것이다. 당신은 눈에 띄게 향상된 능력과 생산력을 느낄 것이다. 마침내 무슨 목표든지 정하고 성취할 수 있다는 자신감을 얻게 될 것이다.

당신은 운명의 주인이 된다. 당신은 자신의 미래를 확실히 보장하는, 개인적 효율성이라는 상승 곡선 위에 올라간다.

이 모든 것을 이루기 위해서는 당신이 매 순간 긍정적으로 수행할 수 있는 가장 가치 있고 소중한 일이 무엇인지 결정하라. 그런 다음에 '그 개구리를 먹어라!'

개구리를 먹어라!

● 행동하라!
오늘 당장 당신이 끝낼 수 있는 가장 가치 있고 중요한 임무나 사업을 선택하고 즉시 시작하라.

● 일단 당신이 가장 중요한 임무를 시작했으면, 그 일을 100퍼센트 완성할 때까지 다른 것에 한눈을 팔거나 포기하지 않도록 인내심을 길러라. 당신이 무언가를 완수하겠다고 결심하고, 그다음에 성취할 수 있는 사람인지를 알아보는 일종의 '시험'을 치르고 있다고 생각하라.
일단 시작했으면, 그 일을 끝낼 때까지 멈추지 마라.

EAT THAT FROG!

결론

지금 당장 행동하라!

 행복과 만족, 위대한 성공을 성취하고 자신의 능력과 효율성이 놀랄 만큼이나 향상되는 멋진 경험을 할 수 있는 비결은, 날마다 작업을 시작하면서 당신의 개구리를 제일 먼저 잡아먹는 습관을 들이는 데에 있다. 다행스럽게도 이러한 습관은 반복적인 연습을 통해서 배울 수 있는 기술이다. 다른 무엇보다도 당신에게 가장 중요한 임무를 제일 먼저 시작하는 습관을 계발한다면, 당신이 성공할 것은 확실하다.

 여기에 중요한 일을 뒤로 미루는 버릇을 버리고, 더 빠른 시간 내에 더 많은 일을 할 수 있는 21가지의 훌륭한 방법들을 요약해놓았다. 이 방법들이 당신의 사고와 행동에 굳건하게 뿌리를 내리고, 당신의 미래와 행동을 보장하게 될 때까지 이 방법과 원칙들을 정기적으로 복습하라.

1. 목록을 작성하라

당신이 진심으로 원하고 당신에게 꼭 필요한 것이 무엇인지 정확하게 결정하라. 반드시 구체적이고 명확해야 한다. 일을 시작하기 전에 당신의 목표와 목적을 종이에 자세히 적어라.

2. 날마다 미리 계획을 세워라

꼼꼼하게 계획표를 짜라. 당신이 하루 일을 계획하는 일에 소비한 1분이 실제로 업무를 수행할 때 5분 혹은 10분의 시간을 절약해줄 수 있다.

3. 모든 일에 80/20법칙을 적용하라

당신이 하고 있는 활동의 20퍼센트가 당신에게 돌아올 결과의 80퍼센트를 책임진다. 항상 상위 20퍼센트에 들어가는 중요한 업무에 당신의 모든 노력을 집중하라.

4. 결과를 고려하라

당신에게 맡겨진 가장 중요한 업무와 우선순위 일들은 긍정적인 의미든 부정적인 의미든 간에, 당신의 인생과 직장 경력에 가장 심각한 결과를 초래할 수 있는 것들이다. 다른 어떤 일보다 먼저 중요한 업무에 초점을 맞추어라.

5. '창조적인' 뒤로 미루기를 연습하라

당신이 모든 일을 할 수는 없으므로, 정말로 중요한 몇 개의 일을 할 수 있는 충분한 시간을 확보하기 위해서는 반드시 가치가 낮은 임무들을 신중하게 뒤로 미루는 방법을 배워야만 한다.

6. 지속적으로 ABCDE 방법을 사용하라

목록에 적힌 업무들을 수행하기 전에, 당신에게 가장 중요한 활동을 먼저 작업할 수 있도록 일의 가치와 우선권에 따라서 순위를 결정하기 위한 몇 분의 시간을 가져라.

7. 중요한 성과 분야에 초점을 맞추어라

당신의 업무를 훌륭하게 수행하기 위해서 당신이 절대적으로 긍정적인 성과를 거두어야만 하는 일들을 확인하고 결정하라. 그런 다음 그 일에 전력하라.

8. 3의 법칙을 적용하라

당신이 직장에 기여하는 가치의 90퍼센트를 차지하는 업무 세 가지를 파악한 다음 다른 어떤 업무보다도 그것을 완벽하게 해내는 일에 집중하라. 그렇게 하면 당신의 가족과 개인적인 삶을 위한 시간이 더 많아질 것이다.

9. 시작하기 전에 철저하게 준비하라

일을 시작하기 전에 필요한 것들을 모두 준비해놓아라. 서류와 정보와 연장과 재료 등 당신이 필요로 할 수 있는 모든 것을 한 곳에 모아두어라. 그렇게 한다면 일단 일을 시작하고 난 후에는 꾸준히 일을 계속해 나갈 수 있을 것이다.

10. 한 번에 통 하나씩

한 번에 한 단계씩만 완성한다면, 당신은 아무리 거대하고 복잡한 일이라도 쉽게 성취할 수가 있다.

11. 당신이 갖고 있는 핵심 기술을 향상시켜라

당신이 맡은 중요한 업무들에 관하여 더욱 많은 지식과 기술을 갖출수록, 당신은 점점 더 빨리 일을 시작하고 빨리 완성할 수 있게 된다.

12. 당신의 특별한 재주를 지렛대로 사용하라

당신이 매우 잘하고 있는 것, 또는 매우 잘할 수 있는 것이 무엇인지 정확하게 결정하고, 그 특정한 일들을 특별하게 잘하기 위해서 당신의 모든 마음과 정신을 쏟아라.

13. 당신을 구속하는 요인들을 파악하라

내부적이든 외부적이든, 당신이 가장 중요한 목표들을 성취하기까지 걸리는 시간을 결정하는 장애물이나 구속 요인들을 파악한 후, 그것들을 없애거나 줄이는 데 초점을 맞추어라.

14. 자신에게 압력을 가하라

당장 한 달 동안 지금 살고 있는 도시와 직장을 떠나야 하는데 그 전에 당신이 맡은 모든 중요한 임무들을 처리해야만 한다고 가정하라.

15. 당신의 개인적 능력을 최대한 활용하라

날마다 당신이 정신적으로나 육체적으로나 가장 최상의 상태인 시간이 언제인지를 확인하라. 가장 중요하고 힘든 업무를 그 시간에 하라. 최고의 상태로 작업을 실행할 수 있도록 충분히 휴식을 취하라.

16. 행동하도록 자신에게 자극을 주어라

당신 자신의 치어리더가 되어라. 어떤 상황에서도 좋은 면을 찾도록 노력하라. 문제보다는 해결 방법에 초점을 맞추어라. 항상 낙천적이고 건설적인 기분을 유지하라.

17. 시간을 잡아먹는 현대 기술의 늪에서 헤어나라

교류의 질을 향상시키기 위해서 현대 기술을 사용하라. 그러나 현대 기술의 노예가 되지는 마라. 이따금씩 현대 기술의 이기를 꺼놓고 그 상태를 유지하는 법을 배워라.

18. 업무를 자르고 나누어라

크고 복잡한 업무들을 한 입 크기로 부순 다음, 작은 부분부터 하나씩 시작하라.

19. 커다란 덩어리 시간을 창조하라

당신이 맡은 가장 중요한 업무들에 시간을 쏟기 위해서 당신이 아무런 방해도 받지 않고 집중할 수 있는 덩어리 시간들을 만들어라.

20. 항상 긴박감을 가져라

당신이 맡은 중요한 임무를 빠르게 진행하는 습관을 들여라. 신속하고 훌륭하게 일하는 사람으로 알려지게 하라.

21. 한 번에 처리하라

일의 명확한 우선순위를 정하고 당신에게 가장 중요하다고 판단된 업무를 즉시 시작하라. 그런 다음 그 일이 100퍼센트 완성될 때까지 중단 없이 작업하라. 그것은 일의 실행력을 높이고 개인적 생산성을 최대화하는 참으로 중요한 요소다.

위의 원칙들이 당신의 두 번째 천성이 될 때까지 날마다 연습하겠다고 굳게 결심하라. 이러한 시간 운영 습관을 당신의 성격으로 만들면, 당신의 미래는 더 이상 한계를 모르게 될 것이다.

지금 당장 행동하라! 그 개구리를 먹어라!

작가에 대하여

절충하는 독서가, 정보의 종합자

브라이언 트레이시는 전문 강연가이며 정신 훈련가이고 기업 자문관이다. 또한 캘리포니아 솔라나 해변에 본부를 둔 정신 훈련과 기업 자문회사인 브라이언 트레이시 인터내셔널의 회장이다. 브라이언 트레이시는 자수성가한 백만장자이기도 하다.

브라이언 트레이시는 역경을 통해 많은 교훈을 배웠다. 그는 가난한 환경으로 인하여 고등학교조차 졸업하지 못하고 그만두었으며, 여러 해 동안 육체 노동자로 일했다. 그는 접시 닦기, 재목 쌓기, 우물 파기, 공장 노동자, 그리고 농장과 목장에서 인부 노릇 등을 했다.

20대 중반에 브라이언 트레이시는 방문 판매원이 되어서 사업의 세계를 향해 올라가기 시작했다. 세월이 흐를수록, 브라이언 트레이시는 자신이 찾을 수 있는 모든 전략과 방식, 그리고 기술을 공부하고 응용함으로써, 2억 6천5백만 달러 규모의 투자 개발 회사의 경영진이 되었다.

30대에는 앨버타 대학에 입학해서 무역학사 학위를 받았고, 그런 다음 콜롬비아 퍼시픽 대학에서 경영학 석사를 받았다. 그동안 그는 22개의 다른 회사와 업체들에서 근무를 했다.

1981년부터 브라이언 트레이시는 전국을 돌며 강연과 세미나로 자신의 성공 원칙들을 가르치기 시작했다. 오늘날 브라이언 트레이시의 책들과 카세트 테이프, 프로그램 그리고 세미나를 찍은 비디오 테이프들은 전 세계 25개 언어로 번역되어서 52개국에서 이용되고 있다.

브라이언 트레이시는 굳은 믿음을 갖고 있다. 그는 보통(또는 보통 이상인) 사람들이 엄청난 잠재력을 갖고 있다고 믿는다. 그는 당신이 당신보다 앞서 성공한 다른 사람들이 이용했던 방식들, 기술들, 전략들을 배우고 연습한다면, 당신의 목표를 향해서 훨씬 빨리 전진할 수 있다고 믿는다.

직업적으로 강연을 시작한 이후에, 브라이언 트레이시는 자신의 생각을 45개 나라에 살고 있는 400만 명이 넘는 사람들과 함께 나누었다. 그는 1,000개 이상의 회사를 위해 자문과 고문 역할을 했다.

브라이언 트레이시는 이 책에 쓰인 모든 원칙들을 몸소 실천하고 실행한다. 그는 자신과 수없이 많은 다른 사람들을 좌절과 불만에서부터 번영과 성공의 길로 이끌었다.

　브라이언 트레이시는 자신을 '절충하는 독서가'라고 부른다. 브라이언 트레이시는 자신을 학구적 연구자가 아니라 정보의 종합자라고 생각한다. 해마다 브라이언 트레이시는 굉장히 다양한 신문과 잡지, 책, 그리고 자료들을 읽는 데에 수많은 시간을 쓴다. 또한 카세트 테이프 프로그램을 청취하는 일에 많은 시간을 쏟고, 수많은 세미나에 참석하며, 관심 있는 주제를 다룬 비디오 테이프들을 빠짐없이 시청한다. 라디오, 텔레비전 그리고 다른 매체로부터 수집하는 정보들 또한 그에게는 귀중한 정보가 된다.

　브라이언 트레이시는 자신의 경험과 다른 사람들의 경험을 바탕으로 수많은 개념과 정보를 받아들여서, 그것들을 자신의 경험에 동합시킨다. 브라이언 트레이시는 《전략적 세일즈》《끌리는 사람의 백만불짜리 매력》《목표 그 성취의 기술》《절대 변하지 않는 8가지 성공 원칙》 등 40여 권 이상의 책을 낸 베스트셀러 작가다. 또한 300개 이상의 비디오 교육용 프로그램을 쓰고 만들었다.

　브라이언 트레이시는 매년 100회 이상 여행과 강연을 하고 17개 나라에 사업체를 갖고 있으며, 성공과 성취 분야에서 세계적으로 가장 유명한 작가들 중의 하나로 인정받고 있다.

옮긴이의 말

시간에게 조종당하지 말고
시간을 조종하라

　이 책의 저자인 브라이언 트레이시는 '개구리를 먹는다'는 행위의 비유를 통해 시간 관리에 성공하는 법을 아주 구체적이고 명쾌하게 제시해준다. '하고많은 맛있는 음식을 다 놔두고 하필 징그러운 개구리를 먹다니?' 처음 이 책의 제목을 읽는 독자는 아마도 얼굴을 찌푸리며 이런 생각을 할 것이다. 그러나 이 책을 읽어가면서 그 의미를 깨닫게 되면 고개를 끄덕거리게 될 것이다.

　브라이언 트레이시는 '개구리'란 지금 당장 처리하지 않으면 십중팔구 뒤로 미룰 것이 확실한 일, 그러나 우리에게 있어서 가장 중요하고 가장 커다란 비중을 차지하는 일이며 우리와 기업과 사회에 가장 큰 가치를 부여하는 일이라고 말한다. 그래서 개구리를 먹는다는 것은 결국 우리에게 있어서 그런 일을 가장 먼저 한다는 의미다. 그런데 우리는 사실 이와는 거꾸로 살 때가 많다. 사소하고 하기 쉬운 일을 먼저 하고 나서 시간이 확보되면 그다음에 가장 중요하고, 그렇기 때문에 힘든 일을 하기로 결정한다.

그러나 저자는 그렇게 하지 말라고 단호하게 말한다. 그는 중요한 일을 먼저 하라고 말하며, 그렇게 하기 위해서는 단순히 시간을 아껴 쓰기만 해서는 안 된다고 강조한다. 그렇다면 어떻게 해야 할까?

브라이언 트레이시는 시간 관리의 기본이 되는 행위는 우선 인생의 목표를 명확하게 규정하는 것이라고 말한다. 그는 우리에게 구체적이고 명쾌한 인생의 목표를 정하고 그것들의 순위를 정하라고 말한다. 그런 다음에 우리가 반드시 해야 하고 가장 중요한 것을 먼저 하라고 주장한다. 저자는 여기에서 그치지 않는다. 목표를 정하고 그 목표의 성취를 위해서 어떻게 해야 하는지를 상세하고 또 알기 쉽게 설명해준다. 일의 우선순위를 정하고, 일을 시작하기 전에 준비를 철저히 하고, 시간을 분배하여 시간표를 짜서 그대로 실행하고, 열심히 일에 몰두할 것을 충고한다. 그것들은 어떻게 보면 우리가 머릿속으로 어렴풋이 다 알고 있었던 것들이다. 그러나 어디서부터 무엇을 어떻게 시작해야 그것을 실행에 옮길 수 있는지 우리는 잘 알지 못한다.

　브라이언 트레이시는 이 책을 통해서 그 방법을 단순하고 일목요연하게 제시해주고 있다. 그가 제시하는 방법을 따라 장기적인 안목에서 인생을 설계한 다음, 하루, 일주일, 한 달, 일 년으로 나누어 시간을 계획한다면 우리는 더 이상 시간에 쫓기며 살지 않을 것이다. 시간을 효율적으로 사용함으로써, 즉 개구리를 열심히 잡아먹음으로써 더욱 짧은 시간 안에 더욱 많은 일을 해낼 수 있을 것이다. 그리고 가족과 단란하게 시간을 보내거나 좋아하는 친구와 편안하게 만나는 여유를 즐길 수도 있을 것이다.

　이 책을 번역하는 동안 나는 여러 번 고개를 끄덕였다. 그리고 번역을 하는 도중에 브라이언 트레이시가 제시하는 방법들을 그대로 따라해보았다. 목표를 적어보고 그중 중요한 것을 실제로 골라보았다. 그러자 나의 인생에서 중요한 것들이라고 막연하게 생각하고 있던 것들이 정확하게 무엇인지 단박에 한눈에 들어오는 것이 아닌가! 그리고 나도 모르는 사이에 긍정적인 생각이 내 머리를 채우고 무언가를 시작하고 싶은 의욕과 더불어 그것들을 다 이룰 수 있을 것만 같은 희망이 내 가슴을 채우고 있었다.

　이 책을 읽는 독자들에게도 그렇게 하라고 권하고 싶다.
　당장 종이와 연필을 꺼내라. 그리고 브라이언 트레이시가 가르쳐주는 대로 따라해보라! 그렇게 했다면 당신은 삶의 목표의 성취와 그것을 이루기 위한 시간 관리에서 반은 성공한 것과 같다.

이옥용

옮긴이 **이옥용**

서울에서 태어나 이화여대 영어영문학과를 졸업하고 미국 아이오와 주립대학에서 석사 학위를 취득했다. 번역서로는 프레드릭 포사이드의 《오페라의 유령 2》《인디언 서머》를 비롯해서 에릭 시걸의 《하버드의 천재들》, 리처드 바크의 《페렛》, 제인 오스틴의 《맨스필드 파크》 등 다수가 있다.

개구리를 먹어라!

초　　판 1쇄 발행 2004년　1월 20일
개정1판 1쇄 발행 2007년　4월 27일
개정2판 1쇄 발행 2013년 11월 14일
개정2판 7쇄 발행 2024년 11월　8일

지은이 | 브라이언 트레이시
옮긴이 | 이옥용
발행인 | 강봉자, 김은경

펴낸곳 | (주)문학수첩
주소 | 경기도 파주시 회동길 503-1(문발동 633-4) 출판문화단지
전화 | 031-955-9088(마케팅부) 031-955-9530(편집부)
팩스 | 031-955-9066
등록 | 1991년 11월 27일 제16-482호

ISBN 978-89-8392-495-7　03320

*파본은 구매처에서 바꾸어 드립니다.
북앳북스는 (주)문학수첩의 경제·경영·실용 브랜드입니다.